Katharina Spangler
Verena Potthast (Illustration)

UPS, wir haben STREIT

Eine Vorlesegeschichte, die deinem Kind hilft, mit Konflikten umzugehen

Mit Gesprächsanregungen

Streit reduzieren, Beziehung stärken

humboldt

Hi, ich bin Greta!

Inhaltsverzeichnis

Hallo an die Erwachsenen!

Für die Vorleser und Vorleserinnen

Du liest dieses Buch zusammen mit deinem Kind oder deinen Kindern. Vermutlich hast du zu dieser Geschichte gegriffen, weil dein Kind immer wieder in Streit verwickelt ist und euch das eventuell sogar belastet. Vielleicht gibt es auch bei euch zu Hause viel und oft Streit.

Ich möchte dir gleich zu Beginn sagen: Das ist ganz normal! Geschwister streiten sich und müssen sich sogar streiten, um daraus fürs Leben zu lernen. Das Gleiche gilt für Freundinnen und Freunde. Und auch wir Erwachsenen tragen untereinander oder mit unseren Kindern Konflikte aus. Aber häufig belastet zu viel Streit die Familie. Die Kinder sind genervt davon, die Erwachsenen genauso. Gefühle wie Wut, Trauer und Angst spielen eine Rolle, aber auch Neid und Eifersucht. Wie in der Geschichte von Greta und ihren beiden Geschwistern Clara und Linus, die ihr gleich lesen werdet.

Deshalb erzähle ich euch nicht nur von den dreien, sondern ermutige euch auch, mithilfe dieses Buches ins Gespräch zu kommen.

Wann und wie knallt es bei euch zu Hause oft? Wo erlebt dein Kind, wo erlebst du noch Streit? Und was könnte man tun, um das zu ändern oder besser damit umzugehen?

Weil es nicht immer so einfach ist, mit Kindern darüber zu reden, findest du an den entsprechenden Stellen im Buch runde Symbole, die dir signalisieren: Hier ist eine Stelle, die sich besonders für ein Gespräch mit deinem Kind eignet. Sie verweisen auf eine Übersicht am Ende des jeweiligen Kapitels, in der du Gesprächsanregungen, Ideen und Impulse für euch findest.

Diese geben dir zusätzliche Informationen und helfen dir, anknüpfend an die Geschichte mit deinem Kind ins Gespräch zu kommen. Sie müssen nicht laut vorgelesen werden. Du kannst die Tipps vorab einmal in Ruhe durchlesen, damit du gleich einhaken kannst, wenn ihr beim Vorlesen an der entsprechenden Stelle seid. Oder du nutzt die Impulse am Ende eines Kapitels, um mit deinem Kind über das gerade Gelesene zu sprechen.

Wenn du möchtest, starte mit deinem Kind bei der Begrüßung „Hallo an die Kinder!“ auf der folgenden Seite. Dort wird kindgerecht erklärt, worum es in diesem Buch gehen soll. Wenn aber „Streit“ ein schon stark vorbelastetes Thema bei euch ist, kannst du das auch weglassen und direkt mit deinem Kind in Gretas Zimmer schauen, wo sie sich gerade ordentlich mit ihrem kleinen Bruder Linus fetzt.

Vorher noch ein kleiner Hinweis: Wenn du mehrere Kinder hast, die sich oft streiten, fragst du dich vielleicht, ob ihr alle gemeinsam lesen sollt. Ich schreibe in den Gesprächsanregungen immer von „deinem“ Kind – gemeint sind natürlich alle. Es kommt auf eure Situation an, ob du gleich allen zusammen vorlesen möchtest oder erst mal jedem einzeln. Der Vorteil der letzten Variante ist, dass das jeweilige Kind ganz frei mit dir sprechen kann. Gerade, wenn es ein Machtgefälle zwischen den Geschwistern gibt, traut sich sonst vielleicht nicht jedes Kind, zu erzählen, wie es ihm mit der Situation geht.

Anschließend könnt ihr das Buch immer wieder gemeinsam in die Hand nehmen und über die Geschichte sprechen. Dann kommst nicht nur du mit deinem Kind ins Gespräch, sondern auch deine Kinder untereinander. Alle Varianten werden euch dabei helfen, Streitsituationen innerhalb und außerhalb der Familie zu entschärfen.

Und jetzt viel Spaß beim Vorlesen!

Katharina Spangler

Hallo an die Kinder!

Zoffst du dich oft? Mit deiner Schwester oder deinem Bruder? Mit deinen Eltern? Streitet ihr viel miteinander?

Das kennen alle Kinder. Auch wenn man sich liebhat, fliegen manchmal die Fetzen. Das war bei mir und meiner Schwester genauso, als wir Kinder waren. Und das ist bei mir und meinen beiden Söhnen nicht anders. Streit gehört irgendwie zum Familie-Sein dazu. Und sogar mit deinem besten Freund oder deiner besten Freundin bist du dir nicht immer einig. Alle Menschen streiten.

Aber manchmal nervt das ganz gewaltig, oder? Weil man lieber einfach seine Ruhe möchte – oder sich durchsetzen. Weil man dann sehr wütend wird – oder richtig traurig. Und weil sich beim Streiten auch manchmal jemand dolle wehtut.

Wie geht es dir beim Streiten? Wie fühlt es sich für dich an, wenn du dich mit jemandem in die Haare bekommst? Wahrscheinlich eher nicht so gut.

Deshalb habe ich die Geschichte von Greta, Linus und Clara geschrieben. Das sind drei Geschwister, die einen richtigen Streit-Tag erleben. Und dann ist auch noch das Handy ihrer Mama verschwunden.

Kommst du mit zu den dreien nach Hause? Mal sehen, ob das Handy wieder auftaucht, und wie der Streit-Tag endet. Los geht's!

Deine

Katharina

Greta
Linus
Mama
Clara
Papa
Oma

Greta und das verschwundene Handy

Ich will meine Ruhe!

Der nervige Bruder

„Greta, darf ich mitspielen?“ Mein kleiner Bruder Linus kommt in mein Zimmer gerumpelt. So schnell, dass er fast über das Puzzle stolpert, das ich gerade lege.

Seite 14

„Pass doch auf, du Trampel!“, schreie ich ihm ins Ohr. Aber er hört nicht auf mich. Wie den ganzen Tag schon. Er macht einfach, was er will. Deshalb bin ich überhaupt so laut. Leise funktioniert nicht mehr. Und jetzt versucht er, an meinem Puzzle mitzubauen. Aber das ist **meins**! Und das sage ich ihm auch:

„Das ist mein Puzzle!“

Nur interessiert ihn das gar nicht. Er fummelt weiter daran rum und zerlegt Stellen, die schon fertig waren. Ich überlege, ob ich zu Mama gehen und mich beschweren soll. Nur die ist so beschäftigt.

Heute ist Sonntag, eigentlich unser Familientag. Da machen wir sonst alle zusammen etwas Schönes. So ist es jedenfalls normalerweise an Sonntagen. Nur heute nicht. Heute haben Mama und Papa irgendeinen „seeeehhr wichtigen“ Termin, bei dem wir Kinder nicht dabei sein dürfen. Wollen wir auch gar nicht. Das Wort „Termin“ klingt nämlich **stinkepups-langweilig**.

Naja, jedenfalls haben sie keine Zeit für uns Kinder. Und deshalb soll ich mich um Linus kümmern. Ich hab aber gar keine Lust dazu. Weil er nervt!

Jetzt schimpft er: „Lass mich mitmachen! Papa hat gesagt, du musst mit mir spielen!“

Pah, das hat er vielleicht gesagt. Aber ich muss gar nichts. Spielen soll doch Spaß machen und mit Linus macht es mir heute nur schlechte Laune. Seite 15

Ich versuche es noch mal: „Hau ab! Raus aus meinem Zimmer!“ Jetzt brauche ich wirklich mal meine Ruhe. Seit Stunden rennt der mir schon hinterher. Wie so ein Hund. Aber einer, der ständig bellt und nie Sitz oder Platz macht. Ein kleiner wilder Hund mit braunen Locken und Stupsnase. Ja, das passt zu Linus.

„Nö. Du bist gemein! Ich will mitspielen!“ Schon laufen ihm die Tränen die Wangen hinunter. Als hätte ich etwas Schlimmes gesagt. Dabei ist das **mein** Zimmer und **mein** Puzzle, und er hat hier gar nichts verloren!

Dass er auch noch weint, macht mich noch wütender. Ich mag das nicht sehen. Und das Geschluchze auch nicht hören. Er ist doch selbst schuld, wenn er immer alles kaputt macht.

Linus muss raus hier. Sofort. Zum Glück bin ich fast drei Jahre älter als er. Ich packe ihn fest und schiebe ihn zur Tür. Er macht sich ganz steif, brüllt und rutscht auf seinen sockigen Füßen vor mir her. Aber er hat nicht genug Kraft, um mich aufzuhalten.

Als er über die Schwelle ist, werfe ich die Tür mit vollem Karacho zu. Sein Brüllen wird noch lauter. Ganz kurz habe ich Angst, dass ich ihm einen Finger oder einen Zeh oder so eingeklemmt habe. Das passiert uns nämlich öfter, wenn wir streiten. Aber ich glaube, das ist nur Linus’ Wut, die ihn jetzt zu so einer Sirene macht.

Ich setze mich innen vor die Tür, presse meinen Rücken ganz fest dagegen. So. Gewonnen. Nur leider kann ich so auch gar nicht weiterpuzzeln. Das wollte ich ja aber eigentlich. Nur, wenn ich aufstehe, dann kommt er sofort wieder. Oder?

Tatsächlich ist es plötzlich ganz leise vor der Tür. Niemand schreit, niemand weint. Vorsichtig mache ich die Tür einen Spaltbreit auf. Nur, um mal zu schauen, was er vorhat. Ha, Linus ist weg. Super! Dann kann ich ja jetzt endlich …

„Greta, was ist denn hier schon wieder los?“

Das ist Papa, der gerade mit Linus auf dem Arm den Flur entlangkommt. Doch nicht so super. Er schimpft weiter: „Könnt ihr nicht ein Mal friedlich zusammen spielen, ohne zu streiten? Mama und ich wollen gleich los. Wenn das so weitergeht, ist die Fernsehzeit für heute gestrichen!“

Oh Mann!! Das ist unfair!

Gleich fange ich auch noch an zu weinen. Ich spüre es schon im Hals. Ein dicker Kloß steckt da plötzlich. Und ich kann gar nicht sagen, was ich eigentlich sagen will: dass das gemein ist.

Seite 17

Streiten ist sowieso schon blöd. Wenn man dann noch dafür bestraft wird, ist es doppelt schlimm. Und Linus und ich haben deshalb auch nicht mehr Spaß zusammen. Sondern noch viel weniger. Aber das bekomme ich gerade nicht raus.

Dafür schreit Mama umso lauter aus der Küche: „Hat jemand mein Handy gesehen?“

Keiner von uns antwortet. Das verlegt sie echt ständig und findet es meist fünf Minuten später selbst wieder.

Doch Mama hat Papa für einen Moment abgelenkt. Das ist meine Chance. Ich werfe die Tür wieder zu und halte von innen ganz fest dagegen. „Linus darf hier nicht rein, die alte Petze!“

Muss der gleich zu Papa rennen? Dann werde ich ihn jetzt auch verraten, das hat er davon. „Linus hat vorhin heimlich Schokolade genommen!“, rufe ich Papa durch die geschlossene Tür zu. Die ist mein Schutzschild.

Ich höre Papa seufzen. „Ach, meine grimmige Greta, das ist doch auch keine Lösung.“

„Dass Linus hier reinkommt, genauso wenig", rufe ich durch die geschlossene Tür.

Papa überlegt scheinbar und antwortet dann ganz ruhig: „Wir hatten das doch besprochen, Greta. Dass es heute mal klappen muss. Für eure ständigen Streitereien haben wir keine Zeit. Oma kommt gleich, um auf euch aufzupassen. Die hält das noch weniger aus."

Oh ja, da hat er recht. Und ich hatte schon fast vergessen, dass sie heute Nachmittag auf uns aufpassen soll. Oma wird immer ganz böse, wenn wir Kinder nicht lieb zueinander sind. „Das gehört sich doch nicht", sagt sie dann meistens und ihre Stirn wird ganz runzelig. „Das macht mich traurig, wenn ihr so miteinander umgeht." Dabei wollen wir Oma doch gar nicht traurig machen. **Das mit dem Streiten passiert halt einfach so.**

Clara hat es richtig gemacht. Das ist meine große Schwester. Die ist vorhin zu ihrer Freundin drei Häuser weiter gegangen. Ganz allein. Das darf sie nämlich schon, obwohl sie auch nur zwei Jahre älter ist als ich. Überall soll ich die Große sein, aber als ich heute mit Clara mitkommen wollte, war ich dann doch wieder „zu klein dafür". Die Erwachsenen entscheiden das immer, wie es ihnen gerade passt.

„Greta?" Da ist Papa wieder. Den hatte ich kurz ganz vergessen da draußen vor meiner Zimmertür. Vor lauter Ärger darüber, dass Clara sich einfach aus dem Staub gemacht und mich mit Linus allein gelassen hat. Und vor Sorge, dass Oma wegen uns nachher bestimmt wieder traurig wird. Und jetzt will er, dass ich die Große bin. Das spüre ich ganz genau. Er fragt nämlich ganz lieb: „Lässt du Linus jetzt rein oder nicht?" Ich schreie:

Ich drücke noch ein bisschen fester gegen die Tür, weil ich fast sicher bin, dass Papa sie jetzt aufmachen wird. Aber nix da! Er erinnert sich an unsere Regel, dass wir über unser Zimmer selbst bestimmen dürfen. Na bitte! Ganz leise höre ich noch, wie er im Weggehen zu Linus sagt: „Na, wenn sie nicht will, dann komm eben mit mir." Linus weint immer noch. Juhu, gewonnen!

Komm mit deinem Kind ins Gespräch!

Uiuiui! Da geht es ja hoch her bei Greta und ihrer Familie an diesem Sonntag. Ganz schön viel Streiterei und Lärm – und genauso viele Gefühle, mit denen Greta zurechtkommen muss. Und ihr Bruder Linus. Und ihre Eltern.

Geschwisterstreit gehört zum Alltag der meisten Familien dazu. Das ist nicht schlimm. Aber oftmals sind die ständigen Streitereien für alle anstrengend. Wahrscheinlich kennt ihr das auch. Von zu Hause oder woanders her. Die folgenden Gesprächsanregungen sollen euch dabei helfen, gemeinsam Lösungen zu finden, mit Streit besser umzugehen oder ihn zu verhindern. Nicht nur innerhalb eurer Familie. Greta und ihre Familie helfen euch dabei, ins Gespräch zu kommen und vielleicht das ein oder andere zu ändern.

Streitet dein Kind sich häufig?

Vielleicht erleichtert es dich, zu hören, dass Geschwister unter sechs Jahren etwa 6,3-mal pro Stunde streiten. Also häufiger als alle zehn Minuten. Und oft geht es um „Besitz“, wie bei Greta und Linus. Am meisten streiten Kinder gleichen Geschlechts mit einem Altersabstand von zwei bis drei Jahren.

Wenn du also das Gefühl hast, dass bei euch nur und rund um die Uhr gestritten wird, liegt ihr damit voll im Durchschnitt. Das kannst du ruhig auch deinen Kindern sagen, die mit der Situation ja auch nicht zufrieden sind. Streiten hat zwar auch ein paar wichtige Funktionen (siehe Seite 55), aber es macht vor allem ungute Gefühle. Sprecht doch mal darüber, wie Greta sich fühlt.

- Frage dein Kind, ob es solche Situationen auch kennt:
  „Wirst du wütend, wenn du streitest? Oder traurig?“

- Ihr könnt auch überlegen, wie es Linus in der Situation ging: *„Warum glaubst du, hat er nicht auf Greta gehört, sondern ist im Zimmer geblieben? Warum hat er geweint?“*

Kinder können sich erst im späten Vorschulalter wirklich in andere hineinversetzen. Deshalb sind die Streite jüngerer Kinder oft auch so erbittert: Sie können nicht verstehen, warum das Geschwisterkind so verletzt ist.

Darüber zu sprechen, hilft deinen Kindern dabei, sich langsam in der **Perspektivenübernahme** zu üben. Und auch ihre eigenen Gedanken und Gefühle in einem sicheren Rahmen ausdrücken zu können. Nimm auch du gern die Perspektive von Gretas und Linus' Vater ein und erzähle, wie du dich bei so einem Streit fühlst.

Aber Vorsicht! Vermeide solche Sätze, wie ihre Oma sie sagt! (*„Ihr macht mich traurig.“, „Ich bin enttäuscht von dir.“*) Beschäme dein Kind nicht für sein Verhalten. Und übertrage ihm nicht die Verantwortung für deine Gefühle. Besser sind Sätze wie:

- *„Ich weiß manchmal nicht, wie ich damit umgehen soll.“*
- *„Ich würde mir wünschen, dass wir es mit weniger Streit durch den Tag schaffen.“*

Seid ihr euch zu Hause manchmal gar nicht grün?

Wenn wir ein Kind bekommen, haben wir alle die Vorstellung vom romantischen Familienleben. Und wenn ein zweites Kind unterwegs ist, stellen wir uns Geschwister vor, die sich innig lieben und den ganzen Tag miteinander spielen. Wir wissen, dass das nicht ganz realistisch ist. Aber wir hoffen, dass es zumindest die meiste Zeit über so ist. In einigen Familien klappt das von ganz allein. In vielen, wie bei den Grimms, liegen Liebe und Hass bei Geschwistern eng beieinander – und wechseln oft stündlich.

Manchmal harmonieren sie, manchmal nicht. Und selbst bei Geschwistern, die in Summe auf einer Wellenlänge schwimmen, gibt es genug Gründe im Alltag, die für Konflikte und Rivalität, für Neid und Eifersucht und damit für Streit sorgen. Viele Einflussfaktoren spielen dabei eine Rolle, zum Beispiel:

- der Abstand zwischen Geschwistern: unter drei Jahren bedeutet in der Regel noch mehr Streit,
- der Platz des Kindes in der Geschwisterreihung: Erstgeborene oder Erstgeborener, Sandwichkind, Nesthäkchen
- und das Geschlecht: Gleichgeschlechtliche Geschwisterpaare streiten etwas häufiger.

Aber viel wichtiger ist, wie wir mit unseren Kindern und ihren Konflikten umgehen. Zwei wichtige Grundregeln gebe ich dir gerne von Anfang an mit:

1. Du kannst Harmonie nicht erzwingen, deine Kinder nicht zum gemeinsamen Spiel nötigen und Sympathie nicht herbeireden. Greta hat vollkommen recht. Ihr Vater kann sie zwar dazu „zwingen", Zeit mit ihrem Bruder zu verbringen, aber davon werden Greta und Linus nicht automatisch Freunde. Selbst frei gewählte Freundschaften sind nicht immer nur harmonisch.
2. Kinder dafür zu bestrafen, dass sie streiten, ist kontraproduktiv. Wie in allen Aspekten des Zusammenlebens mit Kindern ändern Strafen nichts an der Ursache der Konflikte. Stattdessen setzen sie schwierigen Gefühlen noch weitere obendrauf: Traurigkeit, Hilflosigkeit, Wut und Scham. Kein Wunder, dass Greta es unfair findet, als ihr Vater mit Fernsehverbot droht. Aus ihrem Blickwinkel heraus hat sie niemandem geschadet, sondern ist für ihre Grenzen (ihr Puzzle, ihr Zimmer, ihr Bedürfnis nach Ruhe) eingestanden. Ihr Vater wusste sicher selbst, dass er da auf dem Holzweg war. Aber unter Stress reagieren wir oft nicht optimal.

Sprich mit deinem Kind: *„Wie hätte Gretas Papa besser reagieren können?"* Du wirst erstaunt sein, auf welche kreativen und hilfreichen Lösungen Kinder kommen, wenn man sie um ihre Meinung bittet.

Übrigens: **Übermäßiges und ungleich verteiltes Lob hat ähnlich negative Auswirkungen.** Natürlich darfst du deine Kinder loben. Aber besser nicht, indem du einen Vergleich ziehst. „Sehr gut, Johannes, da kann sich deine Schwester noch eine Scheibe davon abschneiden!“ ist weniger Lob für Johannes als Schelte für seine Schwester. Das Gleiche gilt für Belohnungssysteme, die eine Konkurrenzsituation herstellen.

Petzt dein Kind oder bittet es um Hilfe?

Habt ihr beim Lesen gemerkt, was Linus und Greta gemacht haben? Linus hat seinen Papa zu Hilfe geholt. Oder hat er gepetzt, wie Greta meinte? Das fand sie gar nicht gut und hat im Gegenzug gleich ein Geheimnis von Linus verraten. Sprecht gemeinsam darüber!

Manchmal ist es gar nicht so einfach zu verstehen, wo die Grenze zwischen „um Hilfe bitten“ und „petzen“ verläuft. Frag mal dein Kind:

- *„Hat Linus gepetzt?“*
- *„War es richtig, dass Greta dann verraten hat, dass er die Schokolade geklaut hat?“*

Definiert als Familie genau, wann es richtig und wichtig ist, jemand Erwachsenen ins Boot zu holen. Das gilt nicht nur für zu Hause, sondern auch für Kita und Schule. Zum Beispiel, wenn jemand etwas wirklich Gefährliches macht, wie mit Feuer zu spielen. **Frag dein Kind:**

- *„Wann glaubst du, muss man auf jeden Fall einen Erwachsenen zu Hilfe holen?“*

Erzähle außerdem von dir. Auch Erwachsene sind nicht unfehlbar. Das darf dein Kind gerne wissen.

- Wann war es schon mal wichtig, dass du um Hilfe gebeten hast?
- Oder hast du vielleicht auch einmal richtig gepetzt, nur um jemandem eins auszuwischen?

Und auch hier gilt: Beschäme dein Kind nicht, wenn es „petzt“. Manchmal heißt das ganz einfach: *„Mama/Papa, ich komme nicht weiter und brauche deine Hilfe!“*

Ich finde das unfair!

Der zerbrochene Spiegel

Puh, dieses Puzzle ist echt viel schwieriger, als ich dachte. So richtig Lust hab ich gar nicht mehr, das fertig zu machen. Linus ist jetzt auch schon ziemlich lange weg. Ich kann die Uhr noch nicht lesen, aber der Zeiger hat sich ganz schön weit bewegt. Und vielleicht ist mir jetzt doch ein bisschen langweilig, so ganz allein. Das soll aber niemand wissen.

Deshalb mache ich mir ein Hörspiel an. Damit es nicht so arg still in meinem Zimmer ist. Im Rest des Hauses ist es auch komplett ruhig. Seltsam. Das ist hier echt selten so. Bei fünf Leuten wuselt es sonst immer überall. Oma Agnes müsste doch auch längst da sein, oder?

Ich starre angestrengt auf die Uhr an meiner Wand. Warum die da eigentlich hängt, weiß ich auch nicht. Vielleicht sollte ich Mama beim nächsten Mal doch zuhören, wenn sie mal wieder versucht, sie mir zu erklären. Vom Starren allein weiß ich jedenfalls nicht, wie viel Zeit in Echt vergangen ist. Weil manchmal ist das ganz seltsam: Wenn ich mich langweile, fühlen sich fünf Minuten an wie ein halber Tag. Ob ich mal schauen soll, was die anderen so machen? Das ist eine gute Idee! Nicht, dass sie meine Hilfe brauchen oder so.

Ich schlendere ganz langsam über den Flur. Und ich schnuppere ein bisschen. Oma ist noch nicht da, sonst würde ich ihr Parfüm riechen. Drei Meter gegen den Wind kann man das erschnüffeln, sagt Papa immer. Aber das stimmt gar nicht. Ich habe es letzte Woche ausprobiert, als wir mit ihr spazieren waren und es plötzlich so gestürmt hat. Da habe ich gar nichts gerochen. Nur den Regen, der uns ins Gesicht geprasselt ist.

Jetzt kann ich doch was hören. Linus und Papa. Die Lachen im Wohnzimmer. **Was ist denn da so lustig?** Wenn andere ohne mich lachen, das finde ich nämlich nicht so gut. Am Ende lachen die noch über mich?!

Ich mag eigentlich gar nicht nachschauen. Deshalb schaue ich lieber mich in unserem Spiegel im Flur an. Schön bin ich heute, finde ich. Ich trage meine Lieblingsjeans, die mit den vielen Flicken. Sie ist mir eigentlich schon viel zu klein, aber ich will sie nicht hergeben. Und meinen grünen Kuschel-Pulli. Den hat Tante Eva für mich gestrickt. Der passt super zu meinen kastanienbraunen Haaren, hat sie gesagt. Ich finde, sie hat recht.

Aber dann will ich doch wissen, was da im Wohnzimmer los ist. Ich schaukle ein bisschen hin und her, als ich durch die offene Tür hinein gehe. So ganz entspannt, wie unser Nachbar. Der ist schon zwölf, ziemlich cool und läuft auch immer so.

„Geht's dir nicht gut?“, fragt Papa, als er mich sieht. „Du wackelst irgendwie.“

Ich weiß, dass er einen Witz machen will. Aber mir ist gar nicht nach Lustigsein zumute. Denn da sitzen Papa und Linus am Tisch und spielen Memory. Ohne mich. Obwohl Papa gesagt hat, dass er und Mama heute auf keinen Fall Zeit für so was haben. Fünfmal hat er das gesagt! Das weiß ich genau. Weil ich ihn schon fünfmal gefragt habe, ob er mit mir spielt.

Linus schaut mich jetzt auch an und lacht: „Was ist los?“, will er wissen. Der versteht gar nicht, wie gemein das ist. Aber gleich wird er es wissen. Ich brülle die beiden an:

„Ihr seid so unfair!!“

Dabei stampfe ich noch mit dem Fuß auf. Der kann nämlich nicht richtig still bleiben, aber weglaufen geht auch nicht. Weil ich immer noch nicht glauben kann, was ich da sehe.

Papa steht auf und fragt: „Wieso denn unfair? Wir spielen doch nur?“

Seite 26

„Ja eben“, schreie ich. Meine Stimme zittert ein bisschen dabei. „Für mich hattest du keine Zeit!“

Kopfschüttelnd kommt Papa auf mich zu: „Aber du wolltest doch allein sein und dein Puzzle machen?“

Er verdreht meine Gedanken in meinem Kopf. Wirklich. Ich wollte doch nur allein puzzeln, damit ich nicht mit Linus puzzeln muss. Und wenn ich gewusst hätte, dass ich stattdessen mit Papa hätte Memory spielen können, hätte ich das alles anders gemacht.

„Doch nur, weil du nicht mit mir spielen wolltest!“ Ich muss mich ganz schön anstrengen, dass ich das noch rausbekomme, ohne zu weinen. Das soll auf keinen Fall passieren. Schließlich bin ich stinkwütend. Und nicht traurig. Das sollen die zwei bloß nicht denken!

Papa kommt zu mir und will mich umarmen. „Ich wollte schon, aber ich hatte keine Zeit“, sagt er. Ich mache mich los.

„Für Linus aber schon!“ Jetzt kommen doch die Tränen. Das ist so ungerecht! Und wenn etwas wirklich ganz ungerecht ist, dann werde ich innendrin sehr, sehr wütend. Gemischt mit traurig. Ich kann es gar nicht richtig erklären. Aber ich hasse das Gefühl.

„Mensch, Greta“, sagt Papa. „Das ist doch was anderes. Linus ist erst drei. Was soll der denn so lange alleine machen? Der braucht mich halt.“

Ich brauche ihn auch. Das würde ich ihm auch gerne sagen. Aber das wäre viel zu nett. Und ich bin ja böse auf ihn. Also sage ich stattdessen: „Du magst ihn viel lieber als mich! Das weiß ich sowieso!“

Seite27

Papa schüttelt den Kopf und versucht noch mal, mich in den Arm zu nehmen. Will ich aber nicht! Ich brülle:

„Lass! Mich! Los!“

Er sagt: „Das ist doch nicht wahr. Ich habe euch beide gleich lieb.“

Das glaube ich ihm aber nicht. Ich sehe ja, dass er Linus mehr mag. Sonst würde er mit **mir** spielen. Oder mit uns beiden. Dieses doofe Memory, das kann ich eigentlich sowieso nicht leiden. Immer müssen wir diese Baby-Spiele spielen, damit Linus auch mitmachen kann. **Das ist ein bescheuertes Spiel.**

Ich renne los und fege es mit einem Wisch vom Tisch. Alle Karten fallen runter. Auch die Paare, die beide schon gesammelt haben. Eine trifft Linus am Kopf. Und der beginnt natürlich gleich zu schreien.

Papa auch: „Was soll denn das, Greta?! Du bist doch kein kleines Kind mehr. Jetzt hast du uns alles kaputtgemacht!“

„Ja!“, sage ich. Und muss jetzt gar nicht mehr schreien. Die Wut ist ja gerade schon aus mir rausexplodiert: „So wie Linus immer.“

Seite28

Der nimmt die Spieleschachtel in die Hand. „Stimmt gar nicht!“, ruft er. Und geht damit auf mich los. Er knallt mir die Schachtel auf den Kopf. Das tut überhaupt nicht weh, die ist ja nur aus Pappe. Aber ich jammere trotzdem ein bisschen: „Aua, das hat wehgetan!“ Er haut noch mal zu. Mutig ist er nämlich schon. Aber nicht so stark wie ich. Schnell reiße ich ihm die Verpackung aus der Hand und haue ihn damit.

Seite 29

Das ist Papa. Sein Gesicht ist ganz rot. „Du bist doch die Große von euch beiden. Sei doch bitte mal vernünftig, Greta!“ Er nimmt mir den Karton aus der Hand und hält den zappelnden Linus fest, der mich jetzt richtig angreifen will. Das sehe ich in seinen Augen.

„Du Doofkuh!“, schreit er. „Du bist gemein!“

Häh? Ich doch nicht! Die beiden sind gemein, weil sie ohne mich gespielt haben. Dass die das aber auch nicht kapieren wollen.

„Du hast unser Spiel kaputtgemacht!“ Jetzt weint Linus richtig. „Ich habe fast gewonnen!“

Oh. Das tut mir jetzt echt ein bisschen leid. Er gewinnt so gut wie nie beim Memory. Nur, wenn Papa ihn gewinnen lässt. Aber das hat Mama ihm verboten. Recht hat sie. Das ist nämlich auch unfair, wenn sie ihm immer helfen.

„Weil Papa dich wieder gewinnen lässt!“ Das musste ich jetzt sagen. Es ist echt unfair.

„Greta!“ Papa schimpft mich und nimmt Linus fest in den Arm. Jetzt tröstet er ihn wie ein Baby. Das mag ich sehr, wenn er uns so fest kuschelt.

Ich würde gerne mitmachen. Aber gerade habe ich ja gesagt, dass er mich nicht umarmen soll. Deshalb traue ich mich nicht, zu fragen. Außerdem soll ich ja die Große sein. Große Kinder kuscheln nicht mehr so viel, oder? Clara jedenfalls guckt immer ganz genervt, wenn Mama oder Papa sie knuddeln wollen. Vielleicht hat er Linus ja wirklich viel mehr lieb als mich und Clara?

Seite 30

Ich stehe also einfach so im Zimmer rum und schaue den beiden beim Kuscheln zu. Papa glaubt bestimmt, dass ich schuld bin an allem. Sonst würde er mich ja auch trösten. Und nicht nur Linus. Ganz oft schimpft wer mit mir, wenn wir streiten. Egal, wer angefangen hat. „Linus ist doch noch so klein“, sagen Mama und Papa dann immer. Aber ein Biss von einem kleinen Mund tut zum Beispiel auch echt weh. **Und nur, weil er so klein ist, kann er doch mit mir nicht machen, was er will.**

Das will ich Papa erklären. Aber bevor ich etwas sagen kann, stürmt Mama ins Zimmer. Sie sieht ganz zerzaust aus und ihre kurzen Haare stehen in alle Richtungen ab. „Hat jemand mein Handy gesehen?“, fragt sie schon wieder.

Papa stöhnt auf. „Ist das immer noch weg?“

„Ja!“, sagt Mama.

„Dann ruf es doch mal an“, schlägt Papa vor.

„Habe ich schon versucht“, sagt Mama. „Hab es nirgends klingeln hören.“ Sie stampft aus dem Zimmer.

Sie hat nicht mal gemerkt, dass Linus und ich weinen. Und dass das Spiel auf dem Boden liegt. Das ist komisch. So was sieht sie doch sonst sofort?

Egal. Ich versuche noch mal, Papa alles zu erklären: „Das ist nicht meine Schuld! Ich wollte doch nur …“

DING DONG!

Das war die Türklingel. Linus hüpft sofort von Papas Schoß und rennt zur Tür. Logisch. Er will immer der Erste sein, wenn es klingelt. Ich renne hinterher. Damit er mal sieht, dass er keine Chance gegen mich hat. Ich bin die Schnellste hier in der Familie.

„Langsam!“, ruft Papa uns noch hinterher. Aber das interessiert uns eigentlich nie. Langsam macht ein Wettrennen ja keinen Spaß.

Im Flur überhole ich Linus auch schon. Ich remple ihn ein bisschen an und er stößt gegen die Wand.

KLIRR!!!

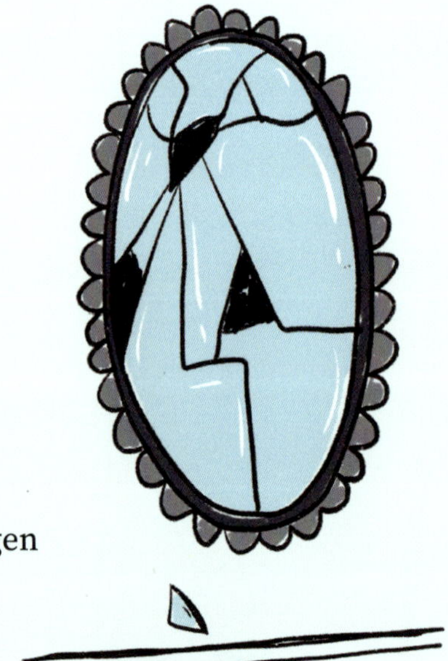

Oh, nein! Linus ist gegen unseren Spiegel gestoßen und der ist auf die Fliesen gefallen. Alles kaputt. Überall Scherben. Linus fängt sofort wieder an zu weinen: „Das war Gretas Schuld“, schluchzt er.

Papa kommt uns hinterhergerannt. Er hat das natürlich auch gehört. Und ich weiß, was jetzt kommt. So oft sagt er uns, wir sollen mit dem Spiegel aufpassen. Aber bisher ist nie etwas passiert. Ich dachte wirklich, der würde fest an der Wand hängen und Papa das nur als Ausrede nehmen, damit wir nicht so schnell rennen.

Linus und ich stehen da und schauen abwechselnd auf Papa und auf die Scherben. Das wird ein Riesen-Donnerwetter geben.

„Aufpassen“, sagt Papa stattdessen ganz ruhig. „Nicht bewegen, ich muss die Scherben wegmachen. Nicht, dass sich jemand schneidet.“

Linus schaut mich verblüfft an. Er hat wohl auch damit gerechnet, dass Papa richtig böse ist. Schließlich haben wir was Großes kaputtgemacht. Oder eigentlich nicht wir. Sondern Linus. Na gut, ein bisschen geschubst habe ich ihn auch ...

„Da hatten wir ja Glück“, sagt Papa, „dass niemandem etwas passiert ist.“

Jetzt verstehe ich gar nichts mehr.

DING DONG!

Ups! Oma steht ja immer noch vor der Wohnungstür. Die haben wir ganz vergessen. Ich will sie reinlassen, aber Papa brüllt: „Stopp, die Scherben!“

Ich bleibe auf einem Bein stehen.

Und dann muss Oma richtig lange vor der Tür warten, bis sie nach drinnen darf. Das ist fast ein bisschen lustig.

Komm mit deinem Kind ins Gespräch!

Der Tag wird nicht besser für Greta – im Gegenteil. Nichts läuft, wie sie sich das gewünscht hat. Eigentlich kein Wunder, dass es dann noch mehr Streit gibt, oder?

Kinder haben Erwartungen, Wünsche und Bedürfnisse, so wie wir Erwachsenen auch. Sie können aber oft nicht viel mitbestimmen, wie ein Tag ablaufen soll. Vor allem, wenn es so ein Ausnahmetag ist wie bei Familie Grimm in der Geschichte. Die drei Geschwister bekommen sich ständig in die Haare und ihr Papa geht damit nicht immer optimal um. Diskutiere doch gemeinsam mit deinem Kind, was an dem Tag bisher schiefgelaufen ist – und wie es hätte besser laufen können.

Fühlt dein Kind sich manchmal ungerecht behandelt?

Greta findet an diesem Sonntag eigentlich alles unfair. Nichts ist aus ihrer Sicht gerecht. Aber was heißt das eigentlich?

Frag mal dein Kind, was es unter „fair“ und „gerecht“ versteht. Das ist gar nicht so einfach zu beschreiben, selbst für Erwachsene und sogar für Wissenschaftlerinnen und Wissenschaftler, die sich mit dieser Frage beschäftigen. Das kannst du ruhig erklären. Frag also nach Beispielen: *„Was findest du gerecht? Was ungerecht?“*

Dann erfährst du etwas über die Blickweise deines Kinders auf euren Alltag. Und ihr kommt der Frage näher, was „gerecht“ eigentlich bedeutet.

Und dann kannst du deinem Kind auch anhand von Gretas Geschichte erklären, dass „fair“ nicht immer „gleich“ bedeutet. Warum hat sich ihr Papa mit Linus beschäftigt, aber nicht mir ihr? Weil Linus kleiner ist und noch nicht so viel allein kann. Findet auch andere Beispiele: Wann ist es fair, jemanden anders zu behandeln als andere? Zum Beispiel, wenn im Sport Kinder ganz unterschiedlichen Alters zusammenspielen und die jüngeren beim Laufen einen kleinen Vorsprung bekommen.

Oder frag dein Kind, wie es wäre, wenn immer alle genau das Gleiche essen müssten. Obwohl der eine mehr Hunger hat als die andere oder Geschwisterkinder ganz unterschiedliche Lebensmittel furchtbar eklig finden. Jede und jeder braucht etwas anderes.

Und manchmal ist ein Bedürfnis dringender als das andere. Auch dafür kannst du versuchen, gemeinsam mit deinem Kind Beispiele zu finden, zum Beispiel: *„Ist es fair, dass jemand, der krank ist, mehr fernschauen darf als die anderen?“*

Schaut zum Schluss noch mal zu Greta:

- War es fair, dass ihr Papa mit Linus gespielt hat, mit Greta aber nicht?
- Ist es fair, Kleinere beim Spielen auch mal gewinnen zu lassen?

Es gibt hier keine richtigen Antworten. Kommt miteinander ins Gespräch!

Hast du ein Lieblingskind?

Greta glaubt, Linus sei Papas Lieblingskind. Damit kann sie nicht recht haben, oder? Lieblingskinder, so was dürfen Eltern nicht haben, oder? Und falls dein Kind keine Geschwister hat, dann fühlt es sich vielleicht in der Schule manchmal gegenüber einem anderen Kind von Lehrerinnen oder Lehrern benachteiligt. Auch das dürfte nicht passieren, oder? Horche mal in dich hinein, wie du zu dem Thema stehst. Und ob du vielleicht manchmal auch das Gefühl hast, eines deiner Kinder stehe dir näher als ein anderes. Phasenweise oder generell.

Tatsächlich bringt man manchmal wirklich einem Kind mehr Sympathie entgegen oder sieht mehr Gemeinsamkeiten mit ihm als mit dem anderen. Die Wissenschaft geht sogar davon aus, dass das in der Mehrzahl der Fälle so ist. Aber: Das solltest du niemals deinen Kindern gegenüber so aussprechen. Es gibt Tatsachen, die sind nicht für Kinderohren bestimmt, weil sie mehr Schaden als Nutzen bringen und für Kinder nicht verständlich sind. Bemühe dich stattdessen, keines deiner Kinder zu bevorzugen. Schenke ihnen gleichwertig Aufmerksamkeit.

Du kannst aber über einen anderen Weg mit deinem Kind zum Thema ins Gespräch kommen: *„Meinst du, Gretas Papa hat Linus wirklich lieber als sie? Kann das sein?"*

Kinder haben oft ein gutes Gespür dafür, dass das nicht die Regel ist und dass wir Menschen unterschiedlich liebhaben können, auch wenn wir sie „gleich viel" lieben. Frag zum Beispiel: *„Magst du mich genau auf die gleiche Weise wie Papa/Mama?"* (Vermeide hier die Formulierung „genauso gern").

Dann wird dein Kind klarer benennen können, dass es an euch unterschiedliche Dinge gernhat. Sag deinem Kind, was du an ihm besonders schätzt, aber auch, was sein Geschwisterkind für dich besonders liebenswert macht. So habt ihr nicht nur die elende Frage entschärft, wer wen lieber mag – sondern auch noch nette Dinge übereinander gesagt.

Wird bei euch gehauen, gebissen, getreten und gezwickt?

Der Streit um das gemeinsame Spielen in der Geschichte eskaliert irgendwann. Greta und Linus werden handgreiflich und ihr Papa geht dazwischen. Kennst du das auch? Dein Kind haut, beißt oder zwickt? Dafür gibt es einen Grund. Und den könnt ihr gemeinsam im Gespräch herausarbeiten.

- Frage dein Kind: *„Warum hauen Linus und Greta sich mit der Spieleschachtel? Was meinst du?"* Vielleicht kann dein Kind nicht alle seine Gefühle richtig übersetzen.
- Wenn es keine Worte findet, dann mache ihm Angebote: *„Meinst du, Linus war wütend? Oder vielleicht eher traurig?"* So lernt dein Kind auch, Emotionen zu lesen und zu verstehen. Ihr lernt gemeinsam: Sie hatten starke Gefühle und konnten sie nicht anders erklären.
- Sag deinem Kind ruhig: *„Manchmal beißt oder haut ein Kind auch aus Angst. Weil es fürchtet, dass Mama oder Papa nicht genug Zeit für es hat oder es nicht gut versteht."* Das ist eine kindgerechte Erklärung dafür, dass Kinder mit Aggression auf bedrohte Bindungen reagieren.

- Hinter der Wut und der körperlichen Aggression können also auch ganz andere Gefühle stecken. Sammle sie mit deinem Kind. Was fällt euch noch ein? Müdigkeit, Hunger (wer war noch nie „hangry“?) oder Schmerz?
- Frag dein Kind weiter: *„Ist das gut, wenn diese Gefühle so nach draußen kommen? Oder kennst du eine Möglichkeit, wie man dabei niemandem wehtun kann?“* Denn meist ist das ja keine einseitige Sache.

Denke auch daran: Jüngere Kinder haben ihre Emotionen viel weniger unter Kontrolle als ältere. Bis ins Schulalter hinein können starke Gefühle sie so übermannen, dass sie hauen, beißen, kratzen oder zwicken. Du musst dazwischengehen. Aber bestrafe dein Kind nicht dafür. **Dieses Verhalten ist ein Versuch der Kommunikation und vielleicht auch ein Ruf nach Unterstützung.**

Sollen Eltern sich einmischen?

Du musst nicht immer eingreifen, wenn dein Kind mit jemandem streitet. Das sollst du gar nicht. **Denn Streit schult das Sozialverhalten von Kindern und sie lernen dadurch, Konflikte selbst zu lösen.** Genau das wollen sie auch.

- Frag dein Kind: *„War es gut, dass Gretas Papa sich an dieser Stelle eingemischt hat?“* Das ist eine interessante Frage, weil nicht nur Erwachsene und Kinder darauf eine unterschiedliche Sicht haben, sondern jeder und jede von uns.
- Wenn ihr über Greta und Linus gesprochen habt, dann frag noch weiter: *„Findest du es gut, wenn ich mich bei deinen Streiten einschalte? Wann findest du es gut? Und wann magst du das gar nicht?“*
- Dann könnt ihr euch darüber austauschen, warum und wann du eingreifst. Und wann du das vielleicht sogar lassen könntest. Oder du erfährst, dass dein Kind sich an der Stelle mehr Hilfe von dir wünschen würde. Ihr könnt gemeinsam besprechen, wie ihr das in Zukunft handhaben wollt – und gegenseitig darauf achten, dass ihr es auch umsetzt.

Als Faustregel für dich kannst du mitnehmen: Du solltest immer eingreifen, wenn ...

1. ein oder mehrere Kinder in Gefahr sind (oder auch mal Gegenstände),
2. ein Kind dich konkret um Hilfe bittet und/oder
3. wenn ein Kind noch unter drei Jahren ist. Denn dann braucht es in der Regel zumindest deine Begleitung bei der Konfliktlösung.

Wichtig: eingreifen, nicht einmischen! Ergreife nicht Partei oder streite gar mit, sondern hilf deinen Kindern dabei, Lösungen und Kompromisse zu finden, wie die unterschiedlichen Bedürfnisse auch ohne Streit erfüllt werden können.

Hat dein Kind eine bestimmte Rolle innerhalb der Familie?

„Linus ist doch noch so klein“, sagen Gretas Eltern oft. Und Gretas Papa mahnt sie: *„Du bist doch kein kleines Kind mehr.“* Er erwartet also von Greta ein ganz anderes Verhalten als von ihrem kleinen Bruder. Und gleichzeitig darf sie vieles noch nicht, was für ihre große Schwester selbstverständlich ist. Wenn du selbst Geschwister hast, wirst du genau wissen, wovon ich spreche.

- Frag mal dein Kind, ob es solche Rollenzuschreibungen gut findet: *„Magst du es, wenn du der/die Große/Kleine genannt wirst?“* Es gibt sicher Situationen, in denen dein Kind das genießt. Denn solche Rollenerwartungen gehen ja auch mit Privilegien einher (länger aufbleiben zu dürfen zum Beispiel).
- Wenn dein Kind positive Beispiele findet, dann hake noch mal nach: *„Möchtest du immer der/die Große/Kleine sein? Nervt dich das auch manchmal?“* Dann kommt es sicher ins Erzählen.

Häufig fällt uns Eltern dann erst auf, wie oft wir Kinder in bestimmte Rollen pressen und entsprechendes Verhalten von ihnen verlangen. Das gilt nicht nur fürs Alter, sondern zum Beispiel auch für das Geschlecht: Von Mädchen erwarten wir beispielsweise eher Vernunft und tadeln sie für Wildheit, während wir unsere Jungs oft noch dazu ermutigen. Gretas Papa hat ihr in diesem Fall die Rolle der „Großen" zugeschrieben.

Auch Rollen wie „der Wilde" oder „die Süße" sind schwierig, weil Menschen dazu neigen, die damit verbundenen Erwartungen zu erfüllen. Wird ein Kind immer wieder als „Angsthase" oder „schüchtern" bezeichnet, verhält es sich zunehmend auch so. Auch darüber kannst du mit deinem Kind sprechen:

- *„Warum möchte Greta nicht immer die Große sein?"*
- *„Was heißt das für dich? Was sollen große Kinder machen?" (Natürlich gibt es hier keine richtige Antwort! Niemand muss irgendetwas machen, weil er groß oder klein, ängstlich oder mutig usw. ist. Das kannst du deinem Kind auch erklären.)*
- *„Kennst du das auch? Musst du auch manchmal jemand sein, der du gar nicht sein willst?"*

So kannst du deinem Kind zeigen, dass du es wirklich verstehen möchtest. Entschuldige dich ruhig auch, wenn du merkst, dass du dein Kind in bestimmte Rollen gedrängt hast. Das passiert – aber wenn man sich dessen bewusst ist, kann man dagegenarbeiten.

Ich bin nicht vernünftig!

Der Spagat

Papa hat alle Scherben aufgesammelt und bringt sie gerade zum Mülleimer. Endlich darf ich die Tür aufmachen. Und da draußen steht nicht nur Oma Agnes, sondern auch meine große Schwester Clara. Ich platze sofort heraus:

„Was machst du denn hier?“

Seite 38

„Wieso bist du nicht mehr bei Fiona?“ Jetzt müssen wir Oma zu dritt teilen! **So war das nicht geplant.**

„Begrüßt man so seine Schwester?“, will Oma von mir wissen. Naja, eigentlich will sie es nicht wirklich wissen. Das ist eine ihrer komischen Fragen, für die es nur eine richtige Antwort gibt: Nein. „Freu dich doch, dass Clara hier ist. Also du freust dich, oder Clara-Maus?“ Während sie das sagt, streichelt sie Clara über den Kopf und drückt sie an ihren knuddelweichen Bauch.

Aber die schaut ganz finster. Ihre Augen funkeln hinter der neuen Brille. „Fiona ist nicht mehr meine Freundin“, sagt Clara und marschiert vor Oma her in unsere Wohnung. Ich verdrehe die Augen. Haben die sich schon wieder verkracht? Mal sind sie die dicksten Freundinnen und dann schauen sie sich nicht mal mehr an. Aber das hält meist nur ein oder zwei Tage. Das kennen wir hier schon.

„Warum habt ihr mich eigentlich so lange hier im Treppenhaus warten lassen?“, fragt Oma. Ihr süßer Parfüm-Duft verbreitet sich in unserm Hausflur. Dann sieht sie Linus, der auf dem Fußabstreifer sitzt und immer noch schluchzt. „Und warum heulst du denn, Linus? Habt ihr euch etwa schon wieder gestritten? Ihr wisst doch, dass mich das ...“

„Hallo Mama!“ Zum Glück kommt Papa gerade von der Mülltonne zurück und unterbricht sie. Dann müssen wir uns nicht anhören, dass sie wegen uns traurig ist. Er nennt Oma nicht Oma, sondern Mama. Logisch, sie ist ja auch seine Mama. Aber ich finde das jedes Mal lustig.

„Die beiden haben nicht gestritten“, sagt er.

Das ist natürlich geflunkert. Aber das darf man manchmal machen, wenn sich alle damit wohler fühlen. Sagt zumindest Mama. Aber ich werde gleich ganz rot. Ich kann nicht gut lügen. Und mag auch keine Lügen hören. Egal, ob sie gut gemeint sind oder nicht.

„Der Spiegel ist kaputtgegangen, schau!“ Papa zeigt auf die Wand im Flur, die jetzt ganz leer ist. Aber man sieht noch den Abdruck, den der Spiegel hinterlassen hat. Weil drumherum sind ganz viele schmutzige Fingerabdrücke von uns Kindern.

„Das gibt's doch nicht!“ Oma schaut ganz erschrocken. „Der schöne Spiegel. Habt ihr den kaputtgemacht?“ Sie schaut Linus und mich an. Er quiekt kurz auf.

Und neben ihr steht Clara und grinst bis über beide Ohren. Klar, die freut sich, dass sie gar nicht da war, als es passiert ist. Fies ist das. Dass sie sich freut, wenn wir Kleinen Ärger bekommen. Sie macht genauso viel Unfug wie wir. Sie lässt sich nur nicht so oft dabei erwischen.

„Das war ein Unfall“, kommt Papa uns zu Hilfe. „Sie haben sich so auf dich gefreut, dass sie etwas zu schnell zur Tür gerannt sind. So was passiert.“

„Aber du sagst doch immer, wir sollen hier nicht rennen, sondern auf den Spiegel aufpassen.“ Das war Clara. Die kann es einfach nicht gut sein lassen.

Papa schüttelt ganz leicht den Kopf. „Gib mir doch schon mal deinen Korb“, sagt er zu Oma. Dann dreht er sich schnell zu uns um und hält einen Finger vor seine geschlossenen Lippen. Wir sollen leise sein.

Ich glaube, Papa hat Angst, dass **er** Ärger von **seiner** Mama bekommt, weil er nicht richtig auf den Spiegel aufgepasst hat.

Ich schaue schnell zu Clara, ob sie das auch kapiert hat. Sie nickt. Und Linus will sowieso nicht mehr über den Spiegel reden. Der hat sich immer noch nicht richtig von seinem Schreck erholt, glaube ich. Ich nehme ihn an der Hand. Und wir laufen hinter Oma her ins Wohnzimmer.

„Huch, jetzt habe ich meine Hausschuhe in meinem Korb vergessen“, sagt sie, als sie sich gerade aufs Sofa gesetzt hat. „Mag mir die jemand holen?“

Keiner reagiert. **Sachen holen ist nicht so unsere Lieblingsbeschäftigung.** Von keinem von uns dreien.

„Keiner?“ Oma macht große Augen. „Na los, wer sie als Erster erwischt, bekommt ein paar Gummibärchen von mir.“

Seite 39

Linus saust sofort los – bei Süßigkeiten sagt er nie Nein –, aber Papa bremst ihn gleich ab. „Nicht schon wieder so wild!“ Und zu Oma sagt er: „Muss das denn sein? Dieser ständige Wettbewerb?“

Oma schnauft laut: „Ich wollte ihnen doch nur was Gutes tun. Also ehrlich. Wo ist eigentlich Stefanie?“ Stefanie, so heißt meine Mama. Aber so nennt nur Oma Agnes sie. Alle anderen sagen „Steffi“ zu ihr. Oder „Mama“.

Ja, wo ist die eigentlich? Nicht mal, als der Spiegel zu Bruch gegangen ist, ist sie gekommen. Das muss sie doch gehört haben? Das haben bestimmt sogar die Nachbarn gehört, so laut war das.

„Keine Ahnung“, sage ich.

„Die sucht immer noch ihr Handy!“ Jetzt verdreht Papa die Augen. Mama und ihr Handy, das ist wie Clara und Fiona. Man weiß schon, dass sie es irgendwann wieder findet, so wie Clara und Fiona ihre Freundschaft.

„Echt jetzt?“ Clara lässt sich genervt aufs Sofa fallen. „Das ist schon wieder weg?“

„Ja, und wir müssen eigentlich dringend los.“ Papa schaut auf seine Uhr. „Ich geh mal und helfe ihr suchen. Seid schön brav bei Oma, ja?“ Seite 40

Was sollten wir auch anderes sagen? **Es ist ja nicht so, dass wir den Unfug schon vorher planen.** Wenn wir drei alle zusammen sind, Clara, Linus und ich, dann kommen die doofen Ideen einfach so zu uns. Wir ziehen die an wie Magneten, sagt auch Mama immer. Wir wollen ja brav sein. Wir können aber nicht.

„Na meine Lieben, was wollen wir machen?“, fragt Oma jetzt. Und dann hält sie sich sofort die Ohren zu. Weil Clara, Linus und ich gleichzeitig Vorschläge machen. Möglichst laut. Weil wir wissen ja, wer am lautesten ist, hat die besten Chancen.

„Langsam, langsam“, sagt Oma. „Ich habe kein Wort verstanden. Der Reihe nach.“

Und dann legen wir wieder gleichzeitig los. Ich will auf keinen Fall eine Kugelbahn bauen, so wie Linus. Ich habe die anderen beiden nämlich sehr wohl verstanden. Sondern lieber Oma mein neues Buch zeigen. Clara schlägt bestimmt wieder etwas vor, bei dem wir Kleinen gar keine Chance haben. Damit sie Oma zeigen kann, wie toll sie ist.

Linus hört gar nicht auf, „Kugelbahn, Kugelbahn“ zu rufen. Also halte ich ihm den Mund zu.

„Mensch Greta“, ruft Oma da und reißt meine Hand weg. „Das geht doch so nicht.“

Doch es geht. Sieht sie ja.

„Entschuldige dich bei deinem Bruder!“

Das werde ich nicht. Und das sage ich auch zu Oma: „Nein.“

Oma sieht das aber anders: „Doch, du musst dich entschuldigen. Sei doch mal vernünftig.“

„Oma, man muss sich nicht entschuldigen“, sagt Clara. Da hat sie recht. „Nur, wenn man es wirklich ernst meint.“

„So ein Unsinn“, sagt Oma. Sie kennt unsere Familienregeln eben nicht so gut. „Bist du schon wieder die grimmige Greta? Du entschuldigst dich jetzt bei Linus. Sofort!“

„’tschuldigung“, murmle ich. Weil ich weiß, dass sie sonst keine Ruhe geben wird. Und weil ich es gar nicht mag, wenn jemand „grimmige Greta“ zu mir sagt. Seite 40

„Na bitte, geht doch.“ Oma scheint zufrieden zu sein. Sie hebt Linus zu sich auf den Schoß. „Wenn ihr euch auf kein Spiel einigen könnt, dann erzählt doch mal. Wie läuft’s beim Turnen?“

Oh nein! Oh nein! Ich hasse das Thema. Wir gehen alle zum Zirkusverein. Weil das praktisch ist, sagt Mama. So kann sie uns alle am gleichen Tag dahin fahren. Das Problem ist nur: Clara kann das so viel besser als ich. Radschlagen. Handstand und so. Ihre Arme und Beine machen immer, was sie will. Meine aber so gar nicht. Ich falle mehr um, als dass ich turne. Das weiß Oma. Sie war ja bei unserer Aufführung an Weihnachten. Und trotzdem fragt sie immer wieder.

„So toll läuft es da“, sagt Clara. „Soll ich mal was vormachen?“ Und schon macht sie einen Spagat.

Oma klatscht. „Du auch, Greta?“

„Nein!“, brülle ich.

„Jetzt hab dich doch nicht so“, sagt Oma. „Schau, Linus kann seiner Schwester auch was gönnen. Nimm dir mal ein Beispiel an ihm!“ Seite 41

Mir reichts. Ich wusste genau, dass das passiert, wenn Clara auch da ist. Mit ihren Kunststücken bekommt sie den ganzen Applaus. Und ich habe keine Gelegenheit, Oma zu zeigen, was **mir** wichtig ist. Und so niedlich wie Linus bin ich auch nicht mehr. Der muss gar nichts können. Nur süß sein.

Ich renne in mein Zimmer und knalle die Tür hinter mir zu. Sollen die doch machen, was sie wollen. Ich hab’ keine Lust mehr.

Komm mit deinem Kind ins Gespräch!

Das war zu viel für Greta. Jetzt ist sie wirklich die „grimmige Greta" und verschwindet in ihr Zimmer. Könnt ihr nachvollziehen, warum?

Sie hatte sich den Nachmittag mit Oma Agnes so schön vorgestellt – und dann kam alles ganz anders. Zwischen Clara und Linus kam sie gar nicht zum Zug. Jedenfalls hat es sich so angefühlt. Schauen wir uns dieses Gefühlschaos mal genauer an!

Ist dein Kind eifersüchtig?

Greta findet es gar nicht gut, dass ihre Schwester ungeplant doch zu Hause ist. Was Oma im ersten Moment nicht versteht: Greta ist schon im Voraus „eifersüchtig", weil sie vermutet, dass für sie nicht genug Zeit abfallen wird. Es geht also nicht im Kern um Neid oder Eifersucht und Missgunst, sondern um Beziehung. Greta möchte Zeit mit ihrer Oma verbringen, sie möchte ihre gemeinsame Beziehung stärken, sie will Liebe erfahren. Das hört sich ganz groß an und ist Kindern auch nicht bewusst, aber es ist eine Tatsache: Kinder konkurrieren automatisch um Liebe und Zuneigung ihrer Bezugspersonen.

Deshalb sind Kinder auch oft so aus der Bahn geworfen, wenn ein neues Geschwisterchen in die Familie kommt. Das bedeutet schlicht und einfach: Ein neuer Konkurrent um Aufmerksamkeit und Liebe. Wenn du mit deinem Kind sprichst, mach es weniger abstrakt:

- Du kannst fragen: *„Verstehst du, warum Greta sauer ist? Ihre Oma versteht es nicht richtig. Wie würdest du ihr das erklären?"*
- Vielleicht entspinnt sich daraus auch ein längeres Gespräch. Frag ruhig nach: *„Hast du dich auch schon mal so gefühlt?"* Dein Kind traut sich dann vielleicht zu sagen, wann es das Gefühl hat, zu kurz zu kommen.

- Wenn dein Kind nicht erzählen mag, dann erzähle du von dir. Wann hast du dich so gefühlt?
- Und ihr könnt gemeinsam nach Lösungen suchen: *„Es tut mir leid, dass es dir damit so geht. Was würdest du dir denn wünschen?"*

Manchmal reicht es schon 15 bis 20 Minuten Zeit am Tag einzuplanen, an dem dein Kind dich für sich hat.

Muss man aus allem einen Wettbewerb machen?

Gretas Oma macht einen Wettbewerb daraus, wer ihr die Schuhe schneller holt. Genau wie wir Eltern manchmal, wenn wir unsere Kinder fragen: *„Na, wer schafft es, seinen Schlafanzug schneller anzuziehen?"* In diese Falle tappen wir alle gern, weil sie gerade Situationen, in denen die Kinder sonst wenig kooperativ sind, einfacher und bequemer für uns machen. Aber auch wenn es okay ist, sich das Leben als Elternteil manchmal leichter zu machen: Wettbewerb und damit Rivalität zwischen unseren Kindern zu schüren, ist kontraproduktiv. Denn davon gibt es schon genug und wir stacheln das nur noch mehr an. Man muss sie nicht ersticken. Man soll sie aber auch nicht unnötig anfeuern.

- Komm mit deinem Kind am besten ins Gespräch: *„Gretas Oma macht einen Wettbewerb. Magst du das gerne?"* Vor allem im Alter von fünf bis zehn Jahren sind Kinder versessen darauf, die Schnellsten und Besten zu sein, und suchen den Wettbewerb geradezu. Aber auch früher. Das ist wichtig für den Aufbau ihres Selbstbildes. Es ist also nicht unwahrscheinlich, dass dein Kind diese Frage bejaht.
- Vielleicht kannst du dann erzählen, in welchen Situationen du Wettbewerbe magst, zum Beispiel beim Sport, und wo du es nicht so gut findest. Sag deinem Kind auch, warum. Es darf negative und positive Seiten von Wettbewerb kennenlernen.
- Und wenn es Wettbewerbe sowieso nicht mag, kannst du ihm sagen: *„Wettbewerbe gibt es im Leben genug, wir wollen vereinbaren, dass es bei uns zu Hause nicht immer ums Gewinnen und Verlieren geht."*

Hast du ein „braves“ Kind oder ein „böses“?

Gretas Papa will, dass die Kinder „schön brav“ sind. Tatsächlich versuchen die drei Geschwister das immer, aber schaffen es irgendwie nicht. Kein Wunder: Sie wollen ihre Eltern glücklich machen. Und dabei ist „Bravsein“ gar nichts Erstrebenswertes. Denn hinter dem Wort „brav“ steckt die Erwartung: Mach bitte alles, was von dir verlangt wird, und stelle deine eigenen Bedürfnisse und Wünsche hintan. Manchmal müssen Kinder, um in unseren Augen „brav“ zu sein, sogar ihre Grenzen ignorieren. Vermeide das Wort „brav“ deshalb besser als Zuschreibung. Genauso wie „böse“. Mit dem Wissen darum, was es von deinem Kind verlangt, fällt dir das vielleicht gar nicht mehr so schwer.

Entschuldigt sich dein Kind von ganz allein?

Oma will Greta zwingen, sich bei Linus zu entschuldigen. Aber das findet keines der Kinder gut. Denn sie wissen: Echte Entschuldigungen kann man nicht erzwingen. Sie müssen von Herzen kommen. Sonst bringen sie keinem etwas. Wird ein Kind dazu gezwungen, sich zu entschuldigen, obwohl es sich gar nicht schuldig fühlt, wird es nicht lernen, wie „echtes“ Entschuldigen, echte Reue funktioniert.

- Frag dein Kind: *„Wer glaubst du, hat recht? Oma Agnes? Oder Clara und Greta?“* Vielleicht kann dein Kind in eigenen Worten sogar seine Entscheidung begründen.
- Und dann erkläre ihm ruhig, warum du dich schon mal richtig entschuldigt hast. Gib ihm ein Beispiel: *„Ich habe Papa aus Versehen die Tür auf die Nase gedonnert. Dann habe ich gesehen, wie sehr ihm das wehgetan hat. Und mich entschuldigt.“*
- Oder erzähle von einer Entschuldigung für etwas, das du wissentlich falsch gemacht hast: *„Weißt du noch, wie ich dich zwingen wollte, beim Essen etwas zu probieren? Das war nicht richtig von mir. Als ich das gemerkt habe, habe ich mich bei dir entschuldigt.“*
- Und frag dein Kind danach, wann es sich schon mal für etwas gerne entschuldigt hat. *„Wie ging es dir danach? Hast du dich besser gefühlt?“*

Generell gilt auch hier: Du bist das beste Vorbild für dein Kind, wenn du auch im Umgang mit ihm Fehler machst, aber dich für diese Fehler aufrichtig entschuldigst. Manchmal kann man vielleicht statt einer Entschuldigung eine Wiedergutmachung wählen, zum Beispiel: den umgestoßenen Turm wieder aufbauen. Dann geht es nicht um Schuld, sondern um die Lösung!

Mag dein Kind es, verglichen zu werden?

Gretas Oma vergleicht die Turnerfolge der Kinder und auch ihre Reaktionen darauf. Wie Wettbewerb auch sind Vergleiche ein Garant dafür, dass Streit und Rivalität unter Geschwistern größer anstatt kleiner werden.

Aber auch hier gilt: Wir Eltern neigen zu Vergleichen: *„Schau mal, dein Freund hat so schön aufgegessen“, „Nimm dir mal ein Beispiel an deinem Bruder, der kann das schon viel besser, obwohl er noch so klein ist“* usw. Im letzten Beispiel sind wir dann auch noch ganz schön gemein und setzen unser Kind herab. Das passiert oft, ohne dass wir es wollen. Gretas Oma zum Beispiel hat Erziehung genau so kennengelernt und ihr ist vermutlich nicht klar, dass das alles noch schlimmer macht.

- Frag dein Kind beim Vorlesen mal: *„Was glaubst du, wie Greta sich in dem Moment fühlt?“* Dann erfährst du vermutlich, wie es deinem Kind mit solchen Vergleichen geht. Das kann dir helfen, sie in Zukunft sein zu lassen.
- Du darfst deinem Kind auch ruhig sagen, dass es dir leid tut, wenn dir solche Vergleiche rausrutschen. Und dass du dich bemühen willst, es in Zukunft anders zu machen.
- Vielleicht darf dein Kind sogar Aufpasser sein und dir Bescheid geben, wenn du mal wieder vergleichst? Das ist nicht angenehm, aber so lernt dein Kind, über ungute Gefühle zu sprechen.
- Und wenn dir demnächst mal wieder ein Vergleich auf der Zunge liegt, dann versuche es anders: *„Ich freue mich, dass du dich heute bemühst, dich schnell anzuziehen.“* Oder: *„Frag deinen Bauch mal, ob er noch Hunger hat?“*

Ich ziehe aus!

Der Rucksack

Ich werfe mich auf mein Bett und schreie in das weiche Kuschelkissen. Ganz laut. Das hat Mama mir gezeigt. Sie macht das auch mit ihrem Kissen im Schlafzimmer, wenn ihre Wut mal zu groß ist. Sie einfach rauslassen. Das Kissen verschluckt den Ärger. Und dann geht es meist schon besser. Bei mir klappt es heute aber gar nicht. Deshalb schreie ich die Wut an:

„Geh weg, du doofe Wut!"

Seite 46

Aber die hat sich schon den ganzen Tag in meinem Bauch gesammelt und ist viel zu groß, um sich auf einmal in Luft aufzulösen.

Ich lege mich auf den Rücken und starre an die Decke meines Haus-Betts. Da oben sind Latten, um die eine Lichterkette gewickelt ist. Mein Lieblingsplatz. Hier kuschle ich oft mit Mama und Papa, beim Einschlafen. Und hier kann ich mich gut verstecken, wenn die mir alle zu doof sind. So wie jetzt.

Seite 47

Ich bin froh, dass ich mein eigenes Zimmer habe und mir nicht eines mit Clara oder Linus teilen muss. So wie Emily, meine beste Freundin. Aber die hat auch so ein Bett. Und wenn sie die Nase von ihrer kleinen Schwester voll hat, zieht sie einfach den Vorhang zu. Dann wissen alle: Sie darf nicht gestört werden. So was braucht man manchmal. Mama und Papa zum Beispiel, die bleiben ganz lange in der Dusche oder auf dem Klo. Die müssen sich ihr Zimmer ja teilen. Zum Schlafen finde ich das gut, aber zum wütend sein nicht so praktisch.

Aber irgendwie ist mein Bett heute unbequem. Ich weiß gar nicht, wie ich mich hinlegen soll. Meine Arme und Beine sind so zappelig. Und die Wut wächst und wächst, je mehr ich darüber nachdenke, dass die anderen beiden jetzt unten mit Oma Spaß haben. Langsam werde ich echt eine grimmige Greta. Das war das Einzige, worauf ich mich heute gefreut habe. Und die haben alles kaputtgemacht.

Manchmal hasse ich es, Geschwister zu haben. Fiona, Claras Freundin – oder Gerade-nicht-Freundin –, die hat keine. Sie muss nie teilen, hat alles für sich, auch ihre Oma und ihre Eltern. Fiona sagt zwar, dass das manchmal langweilig ist. Aber ich stelle mir das richtig gut vor. Wenn man immer bestimmen kann. Und alle Spielsachen für sich hat.

Da kommt mir eine Idee!

Ich hüpfe vom Bett. „Wo ist denn mein Rucksack?“, murmle ich vor mich hin. In meinem Zimmer ist ein ganz schönes Chaos. Das gehört nämlich leider auch zu unseren Familienregeln: In unserem Zimmer dürfen wir bestimmen. Dafür müssen wir es auch allein aufräumen. Nur Linus natürlich nicht, weil er noch so klein ist. So ungerecht ist das. Ich finde, für alle sollten die gleichen Regeln gelten!

Seite 48

Jedenfalls liegt mein ganzes Zeug hier auf dem Teppich verstreut. Und in den Regalen. Und auf meinem Schreibtisch. Wo ist der Rucksack denn nun? Ah, da unter dem Stuhl. **„Juhu!“** Mein gelber Rucksack. Den habe ich eigentlich überall dabei. In der Kita, wenn wir Ausflüge machen und wenn wir mal zum Essen gehen. Da sind meine wichtigsten Schätze drin. Die habe ich am liebsten immer bei mir.

Ich schnappe ihn mir und kontrolliere, ob alles da ist. Mein Teddy, den Papa und Mama mir geschenkt haben, als ich auf die Welt kam. Daran erinnere ich mich nicht mehr, logisch. Aber ich weiß von Fotos, dass der schon immer in meinem Bett lag. Mein Glitzerstein, den Emil mir geschenkt hat. Und die Muschel aus dem letzten Urlaub. Und Stifte und Zettel. Weil man nie weiß, was man aufmalen muss. Aber jetzt muss da noch mehr rein. Denn:

„Ich werde zu Tante Eva ziehen!“

Das rufe ich ganz laut, obwohl niemand da ist, der es hören könnte.

Seite 49

Die wird sich freuen! Wenn wir zusammen sind, haben wir immer eine Menge Spaß. Sie erlaubt uns fast alles und versteht mich am besten von allen in der Familie. Weil wir „verwandte Seelen“ sind, sagt Mama immer. Ich weiß nicht genau, was das bedeutet. Aber ich weiß, dass ich Tante Eva sehr gern hab. Weil sie mir immer zuhört. Auch wenn ich mal traurig bin.

Und das Beste: Eva hat keine eigenen Kinder. Das heißt, ich werde sie ganz allein für mich haben. Und vermissen wird mich hier niemand: Sie haben ja die große Clara und den kleinen Linus.

Nur, was soll ich einpacken? Was braucht man für einen Umzug? Ich stelle mich vor meinen Schrank, in dem es genauso aussieht wie auf meinem Teppich: Alles liegt wild durcheinander. Weil ich es eilig habe, nehme ich einfach mit beiden Armen einen Haufen Kleidung heraus und stopfe ihn in den Rucksack. Was packt Mama sonst immer noch für mich ein? Zahnputzzeug. Aber ich denke, **das mit dem Zähneputzen kann ich auch sein lassen**, wenn ich bei Tante Eva wohne. Sie versteht sicher, dass man darauf keine Lust hat.

Seite 49

Vielleicht noch ein paar Bücher? Eva liest auch ganz gerne und dann kann sie mir vorlesen. Oder mir sogar das Lesen beibringen, das wäre das Beste. Sie hat mir ganz viel vorgelesen, als Linus geboren wurde. Daran erinnere ich mich gerne. Da war sie zwei Wochen lang jeden Tag bei uns. Damit Mama und Linus sich ausruhen konnten. Wir haben ganz viel gelesen. Und gekuschelt. Und ich habe auch ein bisschen geweint. Weil ich eigentlich gar nicht wollte, dass noch ein Kind in unsere Familie kommt. Clara und ich, das war eigentlich schon genug. Aber uns hat keiner gefragt. Linus kam einfach.

Zum Glück war Tante Eva da. Denn Mama und Papa hatten da echt wenig Zeit für uns. Auch danach noch. Wickeln, füttern, den Schreihals beruhigen. Wenn ich so richtig überlege: Eigentlich hat Linus schon ganz schön viel gelernt seitdem. Und ich bin fast froh, dass er bei uns ist. Meistens. **Aber heute auf gar keinen Fall!** Vor lauter Erinnern habe ich jetzt fast vergessen, dass ich ausziehen will.

Schnell noch die Bücher in den Rucksack. Und mein Kuschelkissen unter den Arm. Das brauche ich zum Einschlafen. Ich schau mich noch mal

in meinem Zimmer um. Bestimmt will Clara das haben. Ihres ist nämlich ein bisschen kleiner und sie meckert ganz oft deshalb. Sie kann es haben. Ich nehme einfach das Wohnzimmer von Tante Eva. Dann habe ich sogar einen eigenen Fernseher!

Meine Kuscheltiere bekommen noch einen Kuss. Die kann ich unmöglich alle mitnehmen. Aber Papa kann sie mir vielleicht vorbeifahren, wenn ich umgezogen bin. Oder ich komme sie hier mal besuchen.

Fast ein bisschen erwachsen fühlt sich das an, so über den Flur zu gehen. Mit gepacktem Rucksack. Die werden staunen! Ich werde ins Wohnzimmer kommen, kurz winken und dann einfach losgehen. Unsere Tante wohnt nur ein paar Straßen weiter. Den Weg finde ich ganz alleine. Und dann werden sie vielleicht doch alle ein bisschen weinen. „Oh, unsere liebe Greta“, werden sie sagen. „Wir hätten netter zu ihr sein sollen, dann wäre sie nicht ausgezogen.“

Ich stelle mir gerade ihre traurigen Gesichter vor, als es plötzlich ziemlich laut wird vor mir.

„Steffi, das kann doch nicht sein, dass du immer dein Handy verlegst.“ Das ist Papa. Er steht im Flur und klingt echt sauer. „Wir kommen zu spät!“

Ich gehe noch ein paar Schritte weiter, um besser sehen zu können.

Mama steht vor ihm und hat die Arme verschränkt. Und sie schaut ganz böse. „Das ist doch nicht meine Schuld!“, schreit sie. Ihre Stimme ist ganz hoch. „Wenn ich nicht tausend Sachen im Kopf haben müsste, dann könnte ich mich erinnern, wo ich es hingelegt habe!“

Papa verdreht die Augen. Oh, oh. Das sollte man nicht machen, wenn Mama böse ist. Aber er geht sogar noch weiter und sagt: „Jetzt fängst du schon wieder damit an. Immer das Gleiche!“

„Ja, Thomas, weil es immer das gleiche Problem ist!“ Mama schreit richtig. Und sie sagt nicht „Schatz“ zu Papa, sondern „Thomas“. Das ist kein gutes Zeichen. „Das ist alles deine Schuld!“, brüllt sie.

Ich bleibe stehen. Was soll ich jetzt machen?

Komm mit deinem Kind ins Gespräch!

Greta hat die Nase voll. Vielleicht könnt ihr das sogar nachvollziehen. Der Tag lief wirklich nicht besonders gut und irgendwie hat sie es echt schwer: Sie ist gleichzeitig große und kleine Schwester. Eines davon wäre schon anstrengend genug. Deshalb will sie lieber zu ihrer Tante Eva ziehen. Raus aus dem Chaos zu Hause und dorthin, wo sie es sich einfacher vorstellt. Mal sehen, ob das was wird. Aber vorher schauen wir uns an, was da gerade alles passiert ist.

Ist dein Kind oft wütend, traurig oder voller Angst?

Greta ist heute ganz furchtbar wütend, weil nichts so läuft wie geplant. Und ihre Geschwister viel mehr Aufmerksamkeit bekommen als sie. Wut ist nicht immer einfach auszuhalten. Und obwohl Gretas Mama ihr gezeigt hat, wie man die Wut rauslassen kann, will es nicht so recht klappen. Kennt ihr das? Passiert das deinem Kind auch manchmal? Sprecht darüber:

- *„Bist du auch manchmal so wütend wie Greta?“*
- *„Wie fühlt sich das an?“*
- *„Was machst du dann?“*
- *„Hast du auch schon mal deine Wut in ein Kissen geschrien? Oder hast du eine andere Idee, was man bei Wut machen kann?“*
- *„Wollen wir uns gemeinsam ausdenken, wie wir unsere Wut in Zukunft begrüßen können?“*

Erzähle auch gerne von dir: Wann wirst du wütend? Was machst du, um mit dem Gefühl klarzukommen? Wann gelingt dir das gut und wann auch mal nicht? Es tut deinem Kind gut, zu wissen, dass auch andere von heftigen Gefühlen manchmal überrumpelt werden. Das gilt nicht nur für die Wut, sondern auch für alle anderen starken Gefühle: Angst, Trauer, manchmal ist sogar Freude schwer auszuhalten. Sprecht auch darüber, wenn dein Kind Lust hat.

Hat dein Kind einen Rückzugsort?

Greta liebt ihr Zimmer und besonders ihr Haus-Bett, in dem sie sich so schön vor der Welt verstecken kann. Das klappt sogar bei ihrer Freundin Emily, die sich das Zimmer mit ihrer Schwester teilen muss. Und ihre Eltern verstecken sich manchmal auf dem Klo. Kommt dir das bekannt vor? Wir alle brauchen mal Auszeiten und einen Ort nur für uns. In einer Familie, vielleicht mit sehr begrenztem Wohnraum, ist das nicht immer einfach. Wie ist das bei euch?

- Frag dein Kind mal, was sein Lieblingsplatz bei euch zu Hause ist. Auch das Bett? Das eigene Zimmer? Oder vielleicht eher der kuschelige Sessel im Wohnzimmer oder der weiche Teppich unter dem Tisch? Jede und jeder zieht sich gerne mal zurück.
- Erzähle auch von dir: Wo bist du gerne allein und in Ruhe?
- Sprecht darüber, wann ihr das besonders braucht. In welchen Situationen wird euch alles zu viel?
- Vielleicht stellt sich dann heraus, dass es für dein Kind oder auch für andere Familienmitglieder gar keine richtigen Rückzugsmöglichkeiten gibt. Dann versucht, eine Lösung zu finden: Wollt ihr ein Stopp-Schild basteln, das man an den Türgriff hängen kann, wenn man mal allein sein will? Oder könnt ihr mit Decken irgendwo eine kleine Ecke abhängen, in der man sich vor dem Rest der Familie verstecken darf?

Habt ihr Familienregeln?

Greta und auch Clara sprechen sie immer wieder an: die Familienregeln. Wenn die Kinder groß genug sind, und das ist oft früher, als man denkt, kann man sich gemeinsam (!) zusammensetzen und Regeln aufstellen, die für das Zusammenleben in der Familie gelten sollen. Am besten nicht zu viele auf einmal, sodass alle sie sich merken können. Sie sollten relativ klar sein, die wichtigsten Streitpunkte betreffen und von allen akzeptiert werden. Manchmal muss man dabei auch Kompromisse eingehen. Aber was gemeinsam beschlossen wird, wird auch leichter eingehalten.

Habt ihr schon solche Familienregeln? Wenn nicht, dann frag doch mal deine Kinder: *„Wollen wir gemeinsam Regeln aufstellen?“* Dann braucht ihr nur ein bisschen Zeit und vielleicht Papier und Stifte:

- Setzt euch zusammen und besprecht: Was stört wen? Wo sind die größten Schwierigkeiten in der Familie? Und wo wollt ihr neue Regeln schaffen?
- Lasst die Kinder wirklich mitreden. Jede und jeder darf sagen, was ihn oder sie stört. Und dein Kind darf eigene Regeln vorschlagen. Kinder haben oft Ideen, auf die wir Erwachsenen gar nicht kommen. Und einen guten Gerechtigkeitssinn.
- Die Regeln sind vielleicht manchmal für dich etwas unbequem. Da musst du durch! Auch dein Kind muss Kompromisse eingehen.
- Visualisiert die Regeln für den Anfang: Schreibt oder malt ein großes Plakat, das ihr bei euch zu Hause aufhängt und das an die Regeln erinnert. Irgendwann braucht ihr das vielleicht nicht mehr, aber zu Beginn ist es sehr hilfreich.
- Bitte führt keine Strafen ein, wenn sich jemand nicht an die Regeln hält. Im besten Fall merken alle, dass es mit Regeln besser läuft als ohne und brauchen gar keine zusätzliche Motivation.
- Setzt euch eine Zeit, nach der ihr wieder über eure Regeln sprechen wollt: Hat alles geklappt? War eine Regel vielleicht doch nicht sinnvoll? Müsst ihr die Regeln anpassen? Das kann euch euer ganzes Familienleben hindurch begleiten.

Hat dein Kind eine Person außerhalb eures Zuhauses, der es besonders vertraut?

Greta will zu ihrer Tante, die ihre „Seelenverwandte“ ist. Eine Erwachsene außerhalb der Kernfamilie, die sie gut versteht und mit der sie irgendwie auf einer Wellenlänge schwingt. Das ist sehr hilfreich für Kinder, weil sie da auch mal ohne Gewissensbisse über ihre Eltern oder Geschwister „ablästern“ können. Gerade wenn ein neues Familienmitglied hinzukommt.

- Frag dein Kind mal: *„Zu wem würdest du gehen, wenn du mal eine Pause von uns brauchst?“* Dann findest du vielleicht heraus, zu wem es eine besondere Beziehung hat – wenn du das nicht längst weißt. Vielleicht kann dein Kind ja ab und an etwas mit dieser Person unternehmen? Ausflüge? Oder sogar mal dort übernachten?

Wichtig ist: **Misch dich möglichst nicht in die Beziehung ein.** Frag nach den Besuchen nicht zu viel nach. Wichtiges wirst du sicher erfahren; aber dein Kind soll wissen, dass es vertraulich mit diesem Menschen sprechen kann.

Hast du mehrere Kinder?

Greta ist ein „Sandwichkind“, also das zweite von drei Kindern. Die Forschung beschäftigt sich schon lange mit der Geschwisterrangfolge und ihren Auswirkungen. Und tatsächlich: Erstgeborene zum Beispiel werden eher Wissenschaftler und Wissenschaftlerinnen oder Vorstände als ihre Geschwister. Aber woran liegt das? An den Genen oder viel mehr daran, dass sie am Anfang unsere ungeteilte Aufmerksamkeit haben und wir sie dann in die Rolle der Vernünftigen „pressen“?

Deshalb zum Ende dieses Kapitels ein Appell: **Versuche, deine Kinder als Individuen zu sehen und nicht in Rollen zu pressen.** Nimm sie in ihrer Persönlichkeit an und schenke allen gleichermaßen Aufmerksamkeit. Dann ist die Rangfolge gar nicht entscheidend.

Ich mag das nicht hören!

Das Handy

Seite54

Mama und Papa streiten nicht oft so laut. Zum Glück. Das macht mir ein ganz blödes Gefühl im Bauch. Wir Kinder, wir streiten fast jeden Tag. Aber die beiden sind doch schon erwachsen!

„Was heißt denn hier, meine Schuld‘?“, fragt Papa. Oder er schreit es vielmehr. „Ich bin doch nicht schuld daran, dass du dein Handy nicht findest.“

Die Nachbarn hören das ganz bestimmt. Unsere Wände sind aus Pappe, sagt Papa immer. Und ständig ermahnt er uns, leiser zu sein. Aber ich habe das getestet: Sie sind nicht aus Pappe. Sonst hätte ich das Loch, das ich unter meinem Bett in die Wand bohren will, viel schneller groß bekommen.

Jetzt scheint es ihn gar nicht zu stören, dass er und Mama so laut sind. Aber mich umso mehr. Ich mag nicht, dass Herr Dietrich von nebenan mitbekommt, was hier los ist. Der schaut uns sowieso schon immer so komisch an.

Seite 55

Mama schnauft auf. „Aber du bist schuld daran, dass ich immer an alles denken muss. Du hilfst mir nie!“

Seite 56

Oh Mann, die machen wirklich alles falsch! Wir haben nämlich Streitregeln in der Familie. Die haben wir uns zusammen ausgedacht. Aber Mama und Papa haben schon mindestens drei davon gebrochen, seit ich hier stehe und zuhöre: Sie sagen „immer“, sie diskutieren, wer „schuld“ ist und sie schreien ganz furchtbar laut.

An der Tür zum Wohnzimmer stehen Oma, Clara und Linus. Das sehe ich jetzt erst. Sie schauen ganz schön bedröppelt. Linus versteckt sich hinter Oma und nur seine braunen Locken schauen hinter ihrem Popo vor. Clara sieht auch nicht mehr so fröhlich aus wie vorhin. Aber sie trauen sich auch nicht, etwas zu Mama und Papa zu sagen, glaube ich.

„Immer muss ich mich um alles kümmern, alles vorbereiten, alle Termine im Kopf haben!“ Das ist wieder Mama. Und darüber beschwert sie sich wirklich oft. Aber normalerweise ruhiger.

Schon komisch: Wenn andere streiten, dann erkenne ich oft sofort, wenn sie sich nicht an die Streitregeln halten. Aber wenn Linus, Clara und ich uns fetzen, dann machen wir die gleichen Fehler. Und merken es gar nicht. Weil dann sieht man manchmal einfach nur noch rot vor lauter Wut. Wahrscheinlich geht es Mama und Papa gerade genauso.

Mama steht jetzt vor Papa und schaut nach oben. Er ist nämlich wirklich viel größer als Mama. Das sieht oft lustig aus. Jetzt auch ein bisschen. Sie hat die Hände in die Hüften gestemmt und schaut ihn an wie ein Stier den Stierkämpfer in der Arena. Es fehlt nur noch, dass sie mit dem Fuß scharrt. Bei dem Gedanken muss ich fast lachen. Aber das verkneife ich mir lieber. Weil das versteht sonst wieder keiner.

Wieso sagt eigentlich Oma nichts?

Die steht nur in der Tür und schüttelt den Kopf. Wenn wir Kinder streiten, dann mischt sie sich immer sofort ein.

Soll ich was sagen? Aber eigentlich wollte ich ja gerade ausziehen. Wie im Film sollte das sein: Ich wollte winken, traurig schauen und mit meinem Kuschelkissen unterm Arm aus der Wohnung gehen. Das Problem ist nur: Das bekommt ja gar niemand mit bei dem ganzen Zoff.

Also muss ich dafür sorgen, dass hier jetzt mal Ruhe einkehrt. Aber wie?

Mama und Papa streiten immer noch und mittlerweile über Sachen, von denen ich gar nicht so viel verstehe. Es geht um Geld, glaube ich. Und um den Termin, den sie heute haben. Omas Gesicht wird immer länger. Die weiß sicher, worum es geht. Und ich glaube, dass das eigentlich **nicht für Kinderohren gedacht** ist. Das sagen Mama und Papa immer, wenn sie über so Erwachsenenkram sprechen wollen. Dann bin ich ganz oft sauer, weil ich es nicht mag, wenn sie Geheimnisse haben. Aber wenn das dann immer so aussieht, dann bin ich froh, dass wir sonst bei solchen Gesprächen nicht dabei sein dürfen.

Ich muss etwas sagen. Ich mache auch schon den Mund auf. Aber es will nichts rauskommen.

Clara schaut mich von der anderen Seite des Flurs an. Mit großen Augen. Heißt das: „Los, sag was!“? Oder: „Sag bloß nichts!“? Ich weiß es nicht. Und habe auch keine Ahnung, was besser ist. Aber wir können doch nicht ewig hier so stehen. Langsam weiß ich, warum unsere Eltern es nicht mögen, wenn wir streiten. Ob die sich auch jedes Mal so komisch fühlen, wenn sie uns dabei zuhören müssen? Die Armen.

„Stopp!“

Jetzt habe ich mich einfach getraut. Ganz laut wollte ich es rufen. Aber es kam eher leise raus. Mama und Papa haben es gar nicht gehört. Ich versuche es noch mal:

„STOHOPP!!“

Das war laut.

Plötzlich ist es still. Keiner sagt was.

Mama und Papa drehen sich zu mir um.

Dann fängt Linus an zu weinen.

Sie schauen jetzt zu ihm hin.

Dann schauen die beiden sich an.

Und wieder zu mir.

Wir schauen alle wie die Weltmeister.

Muss ich jetzt noch was sagen? Mehr als „Stopp“ habe ich mir eigentlich gar nicht überlegt. Und das hat ja auch richtig gut geklappt. Aber wenn wir jetzt alle doof gucken, ist das auch nicht so viel besser als doof zu streiten.

War ja klar, dass das mal wieder an mir hängen bleibt.

„Ihr sollt aufhören!“, sage ich. „Ihr brecht alle Familienstreitregeln. Und wahrscheinlich auch noch ganz andere, die ich gar nicht kenne.“

„Sie hat recht!“, ruft Clara.

Na endlich. Ich dachte schon, ich muss das hier ganz alleine regeln.

„Genau!“ Linus stimmt ihr zu und zieht Rotz die Nase hoch. Er weint heute echt besonders viel. Aber es ist ja auch ein echt besonderer Tag. **So viel wird hier sonst nicht gestritten**, obwohl wir darin ziemlich gut sind.

Mama und Papa stehen immer noch da. Mama hat Tränen in den Augen. Das sehe ich genau. Keine Ahnung, ob vor Wut oder weil sie traurig ist, dass sie mit Papa gestritten hat. Oder vielleicht auch, weil es ihr leidtut. Es tut ihr doch bestimmt leid, oder?

„Entschuldigung“, sagt Mama da. „Das wollten wir nicht.“

„Heute ist nur so ein wichtiger Termin“, sagt Papa, „und wir sind ganz schön nervös deshalb. Und dann war das Handy weg.“

„Das ist immer noch weg“, sagt Clara.

Oh Manno! Daran muss sie jetzt doch nicht extra alle erinnern. Damit ging der blöde Streit ja erst los.

„Es geht ja gar nicht um das Handy“, sagt Mama.

Jetzt verstehe ich gar nichts mehr. Ich frage nach: „Häh? Ich dachte, genau das ist das Problem?!“

Mama redet los: „Es geht um ...“

Aber Papa unterbricht sie: „Lass gut sein jetzt, Schatz“, sagt er. Und er klingt schon wieder ganz lieb. Er hat ja auch „Schatz“ gesagt. Das mag ich sehr, wenn die beiden das zueinander sagen. Weil sie ja auch richtige Schätze sind. Eigentlich. Heute vielleicht nicht so. Aber es hat ja jeder mal einen schlechten Tag.

„Es tut uns wirklich leid, dass ihr das sehen musstet“, sagt Mama. „Und hören.“

„Oh Gott, die Nachbarn!“ Papa läuft ganz rot an. Jetzt hat er es auch gemerkt. Ein bisschen spät.

„Sag mal Greta,“ – jetzt hat auch Oma ihre Sprache wiedergefunden – „warum hast du eigentlich diesen riesigen, gelben Rucksack auf dem Rücken? Willst du zum Wandern?“

Komm mit deinem Kind ins Gespräch!

Jetzt streiten auch noch Mama und Papa. Verflixt! In diesem Tag ist echt der Wurm drin. Aber das ist gar kein Problem! Wir alle streiten mal, auch Erwachsene, auch Eltern. Miteinander oder mit unseren Kindern.

Wir alle sind Menschen, wir alle reagieren nicht immer optimal, wir alle explodieren mal. Niemand ist perfekt. Und Kinder profitieren sogar davon, wenn sie ihre Eltern streiten sehen. Wenn diese gewaltfrei und respektvoll streiten und eine Lösung finden. Tabu ist nur ein Streit *über* das Kind *vor* dem Kind, das sich sonst reflexartig schuldig fühlt! Wir Eltern sind Vorbilder für eine gute Streitkultur. Steffi und Thomas machen hier natürlich nicht alles perfekt, wie Greta sofort bemerkt, aber doch auch gar nicht so viel falsch.

Wisst ihr, warum Streit sogar gut ist?

Mit Steffi und Thomas prallen zwei verschiedene Charaktere aufeinander. Thomas ist eher harmoniesüchtig. Mit seiner Mama ist er jedem Konflikt aus dem Weg gegangen. Steffi hingegen streitet eigentlich ganz gern. Wie ist das bei euch? Habt ihr auch „Streithammel" und „Harmoniebedürftige" in eurer Familie oder in eurem Umfeld?

- Frag mal dein Kind: *„Wer von uns, glaubst du, mag Streiten ganz gern?"* Ohne zu vergleichen oder zu verurteilen. Das nimmt dem Thema „Streit" auch etwas von der Schwere und zeigt: Manchmal streiten wir sogar gerne und Streit kann auch nützlich sein.
- Weiß dein Kind das auch schon? Frag mal nach: *„Hast du bei einem Streit schon mal etwas gelernt?"*

Falls es deinem Kind und vielleicht auch dir schwerfällt, den vielen Streitereien etwas Positives abzugewinnen, habe ich hier eine Liste für dich, warum Streit für die Entwicklung des Sozialverhaltens wichtig ist:

- Man lernt, wie man Kompromisse oder sogar eine Übereinkunft findet.
- Man lernt, die eigenen Interessen zu vertreten.
- Man lernt den Umgang mit Wut.
- Streit schult Empathie.
- Streit hilft, sich seiner Gefühle, Bedürfnisse und Werte bewusst zu werden.
- Streit lehrt den Umgang mit und das Aufstellen von Regeln.

Wird bei euch oft diskutiert, wer Schuld hat?

Steffi und Thomas diskutieren darüber, wer denn nun Schuld hat: Am Streit, am verlegten Handy, an dem ganzen Schlamassel generell. Wir neigen leider dazu, immer bei irgendwem die Schuld zu suchen. Oft und gerne bei uns, im Streit eher bei den anderen. Leider übernehmen das unsere Kinder begeistert und dann brüllt es mehrmals am Tag durchs Haus: *„Er ist schuld!“, „Sie hat angefangen!“*

Das ist eine mühselige Frage und das weiß auch Greta. Ihr seid nicht vor Gericht, ihr seid eine Familie. Es sollen keine Strafen verhängt und keine Schuldigen an den Pranger gestellt werden, sondern es geht darum, die Harmonie wieder herzustellen oder den Konflikt gemeinsam auszuhalten.

Deshalb spiele nicht den Richter oder die Richterin und ergreife nicht Partei. Das ist nicht deine Aufgabe und du weißt sowieso nur selten auf Anhieb, was wirklich hinter einem Konflikt steckt. Sich auf der Suche nach der oder dem Schuldigen zu machen, hilft niemandem weiter, sondern hält den Streit nur am Leben. Sucht lieber eine Lösung, bei der alle Bedürfnisse befriedigt werden.

Dieses schwierige Thema können auch Kinder schon verstehen. Hier einige Anregungen für Fragen, mit denen du ins Gespräch einsteigen kannst:

- *„Meinst du es hilft, herauszufinden, wer Schuld hat? Und warum?"*
- *„Was ändert es, wenn man einen Schuldigen finden kann?"*
- *„Was ist, wenn man sich selbst schuldig fühlt? Hat man dann auch immer Schuld?"*
- *„Und was kann man tun, wenn man wirklich an etwas Schuld ist?"* (sich ent-schuld-igen)

Am besten ist es, das Wort „Schuld" aus eurem Sprachgebrauch zu verbannen. (Abseits von diesem Gespräch darüber.) Es hat nur Nachteile und führt nicht dazu, dass es irgendwem besser geht.

Habt ihr schon Streitregeln?

Greta hat noch ein paar „Fehler" entdeckt im Streit ihrer Eltern. Bei Familie Grimm wurde anscheinend schon viel darüber gesprochen, wie man richtig streitet. Und sie haben das auch in ihre Familienregeln übernommen. Wisst ihr, wie man „richtig" streitet? Frag mal dein Kind:

- *„Was hätten Gretas Eltern beim Streiten besser machen können?"*
- *„Wie ist ein ‚guter' Streit? Und was ist eher schlecht?"*
- *„Welche Regeln würdest du gerne für Streite bei uns zu Hause einführen?"*

Wenn dein Kind gar keine Idee hat, dann sprich darüber, was du dir wünschen würdest. Und was für dich einen guten Streit ausmacht. Dein Kind kann dann leichter ins Gespräch einsteigen.

Für den Fall, dass ihr darüber noch gar nicht nachgedacht habt, was ja auch nicht automatisch passiert, habe ich euch ein paar wichtige Regeln für gesundes, zielführendes und faires Streiten mitgebracht (die ihr so formulieren könnt, dass sie für alle verständlich sind):

- Wir schreien nicht und werden nicht handgreiflich.
- Wir sprechen in Ich-Botschaften.
- Wir beleidigen uns nicht.
- Wir suchen keinen Schuldigen, sondern Lösungen.
- Wir versuchen, uns in den anderen hineinzuversetzen.
- Wir hören zu und lassen andere ausreden.
- Wir gehen respektvoll mit den Gefühlen und Meinungen aller um.
- Wir suchen Kompromisse und versuchen nicht, zu gewinnen.
- Wir nehmen uns eine Auszeit und klären den Streit später.
- Wir entschuldigen uns, wenn es nötig ist und von Herzen kommt.

Es ist wirklich nicht einfach, sich immer an diese Regeln zu halten. Aber wenn ihr für den Anfang nur auf ein oder zwei Punkte achten könnt, kann das die Streite schon deutlich entschärfen.

Und wie immer gilt: Du bist Vorbild! Wenn du zum Beispiel sagst *„Ich komme nicht gut damit zurecht, dass du heute so viel trödelst“*, ist das tausendmal besser als *„Du trödelst immer so viel!“* oder *„Deine Trödelei enttäuscht mich!“*

Geht es langsam an, Schritt für Schritt. Es braucht Zeit, in zwischenmenschlichen Beziehungen eine neue Streitkultur einzuführen und vor allem alte Muster zu durchbrechen, die du vielleicht schon seit deiner Kindheit mit dir herumträgst.

Ich will entscheiden!

Der Meisterdetektiv

Ob ich zum Wandern will, möchte Oma wissen. Blöde Frage. Was soll ich darauf jetzt antworten? Dass ich vorhabe, auszuziehen? Ich bin mir gerade gar nicht mehr sicher, ob das so eine gute Idee war. **Schließlich brauchen die mich hier.** Wenn ich nicht gewesen wäre, würden sie sich immer noch anschreien und Linus immer noch weinen.

Seite 62

Also beschließe ich, gar nicht zu antworten und lieber das Thema zu wechseln. Das machen die Erwachsenen oft genug.

Statt zu antworten, stelle ich also eine Frage: „Was machen wir denn jetzt mit dem Handy?“ Das ist nicht die beste Idee. Aber das lenkt sie auf jeden Fall von meinem vollgepackten Rucksack ab.

„Herrje, das Handy!“

Mama schlägt die Hände über dem Kopf zusammen. „Das haben wir bei der ganzen Streiterei glatt vergessen.“ Und schon stürmt sie aus dem Flur in die Küche. Mama ist heute so durcheinander, ich wette, sie hätte nicht einmal mitbekommen, wenn ich heute ausgezogen wäre.

Papa rennt ihr hinterher. Und Oma trottet ins Wohnzimmer. Sie sieht aus, als hätte sie für heute genug von den Grimms. Wir können manchmal auch echt ein bisschen anstrengend sein. Vor allem für Omas.

„Und jetzt?“, fragt Clara. Sie steht immer noch in der Tür. „Doch nicht ausziehen?“

Sie hat natürlich gleich gemerkt, was ich vorhatte. Sie lebt ja schon länger in dieser Familie und hat bestimmt auch schon den ein oder anderen Fluchtplan geschmiedet.

Linus sieht mich mit großen Augen an. „Ziehst du aus?“ Ich sehe, wie sich schon wieder das Wasser in seinen Augen sammelt.

„Nein, keine Sorge“, versichere ich. „Ohne mich klappt doch hier gar nichts. Lasst uns Mamas Handy suchen!“

„Au ja!“ Linus strahlt. „Detektiv spielen!“

Naja, ganz so lustig wird das wahrscheinlich nicht. Aber ich will ihm nicht den Spaß verderben. „Okay. Lass uns in dein Zimmer gehen“, sage ich, „wir brauchen die Verkleidungskiste.“ Dann ich renne ich los.

„Echt jetzt?“, höre ich Clara hinter mir herrufen. „Verkleiden ist doch was für Babys.“ Aber sie kommt mit.

Bei Linus steht das ganze Jahr über eine Verkleidungskiste rum. „Weil bei uns irgendwie immer Karneval ist“, sagt Mama oft. „Fasching heißt das“, antwortet Papa dann immer. Weil da, wo er herkommt, sagt man das so. Die sagen an Fasching auch nicht „Alaaf“, sondern „Helau“. Ich weiß nicht, warum das Mama und Papa so wichtig ist. Ich finde: Hauptsache verkleiden, tanzen und Spaß haben.

Aber heute soll es ja nicht um Spaß gehen. Sondern wir wollen das Handy finden. Wie richtige Detektive. „Und deshalb müssen wir auch so aussehen“, sage ich zu Clara, die an der Wand von Linus’ Zimmer lehnt und versucht, cool zu sein.

„Meinetwegen, aber dann bin ich Sherlock“, sagt sie.

„Wer? Schör …?“, fragt Linus.

„Du Dummkopf! Sherlock. Sherlock Holmes, der bekannteste Detektiv der Welt.“

„Mensch Clara, woher soll er den denn kennen?“, frage ich sie. Manchmal denkt sie echt nicht mit. Ich kenne Sherlock auch nur, weil Clara mir die Bücher gezeigt hat, die sie liest. „Das ist doch noch nichts für Kindergartenkinder.“

„Doch“, ruft Linus. „Ich bin schon groß. Ich bin Schörlog.“

Kommt überhaupt nicht infrage. „Nein!“, rufe ich. „Ich muss Sherlock sein. Schließlich war das meine Idee.“

Seite 63

„Das ist völlig egal“, sagt Clara, die sich jetzt zu uns neben die Verkleidungskiste stellt. „Ich bin die Größte, also bestimme ich das. Gib mir mal die Mütze.“

Blitzschnell greife ich in die Kiste und nehme mir die schicke, karierte Mütze. „Du hast gar nichts zu bestimmen!“, sage ich ganz laut.

„Meine Idee, meine Mütze.“

„Du kannst Watson sein“, schlage ich ihr vor. Linus schaut uns wieder an, als wüsste er gar nicht, wovon wir reden. „Das ist Sherlocks Assistent“, erkläre ich. „Doktor Watson.“

„Ja“, ruft er, „ein Doktor“, und zieht den weißen Kittel und das Stethoskop aus der Kiste.

Seite 64

„Du hast ja überhaupt keine Ahnung!“ Clara lacht. „Und jetzt gib mir die Mütze, Greta, das ist meine.“

„Ist sie nicht. Die Kiste gehört uns allen!“ Ich renne schnell auf Linus Bett und hüpfe da mit der Mütze auf dem Kopf auf und ab. „Ich dachte, du findest verkleiden sowieso doof“, sage ich zu Clara.

Immer ändert Clara ihre Meinung so schnell. Mal ist was nur für Babys und in der nächsten Minute will sie dabei sein. Und immer die Bestimmerin. Nur weil sie zwei Jahre älter ist als ich.

Jetzt kommt sie auch aufs Bett und wirft mich um. Clara nimmt mich in den Schwitzkasten und ich trete ihr einmal kräftig gegens Schienbein. Aber die Mütze, die lasse ich nicht los. Das wäre ja noch schöner.

„Du Biest!“ Clara zieht mir kräftig an den Haaren.

„Au, du gemeine Kuh!“ Jetzt geht sie echt zu weit. Ich beiße ihr fest in den Oberarm.

„Sag mal, spinnst du!“ Clara springt vom Bett und reibt sich den Arm. Sie zieht den Ärmel ihres Pullis nach oben. „Da sieht man sogar deinen Zahnabdruck. Das erzähle ich Papa!“

„Kommt ihr jetzt?“, ruft Linus.

Wir schauen in seine Richtung. Da steht er. Mit dem großen karierten Mantel an, der ihm viel zu lang ist. Mit einer Lupe in der einen und dem Arztkoffer in der anderen Hand.

„Hört auf zu streiten“, sagt Linus. „Wir müssen das Handy suchen. Das Zeug gehört eh mir.“ Er zeigt auf die Verkleidungskiste. „Weil ihr zwei habt gesagt, ihr wollt das nicht mehr haben. Dann hat Mama die Kiste in mein Zimmer gebracht.“

Hmmm ... Ganz unrecht hat er damit nicht. Weil ganz vielleicht dachte ich letzte Woche auch, Verkleiden wäre was für Babys.

Linus strahlt uns an: „Ich bin Schörlogg und Wotsn. Und jetzt suchen wir Mamas Handy“, sagt er.

„Oh Mann, das wird mir hier langsam echt zu doof“, sagt Clara. Sie reibt sich immer noch über ihren Arm. Selbst schuld, wenn sie mich angreift. Dann schaut sie uns mit hochgezogenen Augenbrauen an und sagt:

„Da mache ich nicht mehr mit!“

Sie dampft aus Linus’ Zimmer.

„Gut“, sagt der. „Dann bin ich Schörlog und du Wotsn.“ Er gibt mir den Arztkoffer und das Stethoskop. „Wo fangen wir an?“

Ich überlege, noch mal zu protestieren. Es war meine Idee, bei der Suche zu helfen. Es ist meine Mütze. Und ich bin die Größere. Aber eigentlich ist das gar nicht so wichtig. Mamas Handy ist wichtig.

Ich setze Linus die Mütze auf den Kopf und mache, was ein guter Assistent tut: Ich sage, wo’s langgeht.

Linus stapft voraus und ich hinterher. Wäre doch gelacht, wenn wir dieses doofe Handy nicht finden.

Komm mit deinem Kind ins Gespräch!

Das geht ja gleich gut los mit den drei Detektiven. Schon wieder Streit. Und diesmal um Dinge: Wem gehört nun die Verkleidungskiste? Und wer darf darüber entscheiden, wer welches Kleidungsstück anziehen und wer der Chef sein darf? Ganz typische Streitfragen unter Kindern und vor allem unter Geschwistern. Schauen wir sie uns genauer an.

Geht ihr Konflikten manchmal aus dem Weg?

Greta merkt, dass ihre Eltern manchmal eine bestimmte Taktik anwenden, wenn sie über etwas nicht sprechen wollen: den Themenwechsel. Und das macht sie sich hier zunutze.

Dahinter steckt aber vielleicht Harmoniesucht oder Konfliktscheue. Es ist ja auch ziemlich anstrengend, solche unguten Gefühle auszuhalten. Oder zielführend zu streiten. Trotzdem ist es nicht der beste Weg, Konflikte immer im Keim zu ersticken. Man denkt vielleicht, dass man etwas Gutes tut, aber die meisten Streitpunkte kochen dann an anderer Stelle wieder hoch. Konflikte gehören zum Leben dazu und wir müssen lernen, sie auch auszuhalten.

Ein anderer Grund, der dahinterstecken könnte, ist folgender: Wir Erwachsenen denken vielleicht, ein Thema wäre noch nicht durchschaubar für unsere Kinder. Das sind aber die wenigsten. Meistens müssen wir uns nur die Mühe machen, etwas kindgerecht zu erklären.

Frage dein Kind:

- *„Mache ich das auch manchmal? Kennst du es, dass ich das Thema wechsle?“*
- *„Wie fühlst du dich dabei?“*

Wenn dein Kind das auch nicht besonders gut findet, dann frage: *„Was soll ich beim nächsten Mal anders machen?“* oder bitte es gleich darum, dir Bescheid zu geben, wenn du diese Taktik in Zukunft anwendest.

Erkläre ruhig, warum du das machst. Und findet gemeinsam Ideen, wie es besser gehen könnte.

Gibt es bei euch zu Hause Machtkämpfe?

Clara ist die Große und meint, deshalb darf sie entscheiden, wie gespielt wird. Greta hatte die Idee und deshalb will sie die Bestimmerin sein. Linus gehört der Hut und er will Sherlock sein, obwohl er gar nicht genau weiß, wer das ist. Was er aber sehr wohl weiß: Bestimmen zu können macht Spaß. Irgendwie sind das alles valide Argumente. Zumindest in den Augen der Kinder.

Und der Streit zeigt uns, dass die Geschwisterbeziehung nicht von Machtgefällen geprägt ist. Clara pocht zwar darauf, als Älteste entscheiden zu dürfen – aber das ist nicht gesetzt. Das ist gut so! Genau wie zwischen Eltern und Kindern kein Machtgefälle entstehen sollte, sollten auch Geschwister keine Rangfolge untereinander entwickeln. Dass das nicht geschieht, hast du in der Hand:

- Brich Rollenerwartungen auf.
- Gib all deinen Kindern gleich viel Raum.
- Höre allen zu.
- Nimm die Bedürfnisse aller als gleichwertig wahr.

Dann können solche Muster gar nicht erst entstehen – oder du kannst sie aufbrechen.

Frag mal dein Kind, wer von den dreien Sherlock sein soll. Ich bin sicher, je nach Geschwisterkonstellation und Charakter hören hier alle Eltern andere Entscheidungen und Begründungen. Sprecht darüber, ob es in Ordnung ist, dass Clara aus dem Spiel aussteigt. Ist das vielleicht sogar eine ganz gute Lösung? Und dann schaut auf euren Alltag:

- *„Wer setzt sich bei uns oft durch?“*
- *„Ist das immer fair?“*
- *„Würdest du dir das anders wünschen?“*
- *„Was könnten wir tun, damit alle gleich viel zu sagen haben?“*

Diese Fragen helfen dir, eventuelle Machtgefälle aufzudecken, und euch allen, solche Muster zu durchbrechen.

Beachte: Dass Geschwister sich verantwortlich füreinander fühlen, ist okay. Auch wenn die Größeren auf die Kleineren achtgeben. Nur zwing sie bitte nicht dazu und mach sie nicht füreinander verantwortlich. Das soll aus ihnen herauskommen. Übergestülpte Verantwortung kann überfordern und zu weiteren Konflikten führen.

Teilt dein Kind nicht gerne?

Greta, Linus und Clara tun sich gerade sehr schwer mit dem Teilen. Manchmal geht das auch gar nicht, so wie bei der Detektiv-Mütze! Die gibt es eben nur einmal. Dass die Besitzverhältnisse nicht geklärt sind, macht alles noch schwieriger. Aber manchmal gibt es doch Dinge, die man teilen kann: die Gummibärchen, Bauklötze, Stifte usw. Und trotzdem ist das einer der häufigsten Streitpunkte unter Kindern.

In unserer Geschichte ist kein Erwachsener dabei. Aber wenn, dann hätte er vermutlich etwas gesagt wie: *„Jetzt einigt euch doch mal. Ihr müsst auch teilen!“* Das ist oft unser erster Impuls. Doch unser Bauchgefühl trügt, denn wenn wir Kinder zum Teilen nötigen, dann lernen sie nur: Ich habe kein Mitspracherecht, wer lauter schreit, gewinnt, es geht ums Gewinnen, alles ist knapp und was mir gehört, gehört eigentlich gar nicht mir. Wir erzeugen so Angst und Konkurrenz.

Kinder lösen das untereinander oft besser, auch wenn es für uns schwer auszuhalten ist, wenn der große Bruder der kleinen Schwester sein Lieblingsauto nicht einmal für zwei Minuten übergeben will. Für uns hat es aber keinen so großen Wert. Würdest du dein Handy für mehrere Stunden an jemand anderen geben wollen? Oder dein Auto immer deiner

Freundin oder deinem Freund leihen, wenn sie oder er es will? Erwachsene zwingt niemand zum Teilen. Wir teilen, weil wir gelernt haben, dass das Freude machen kann. Und manches teilen wir nie! Das müssen Kinder erst lernen.

Die drei Geschwister aus unserer Geschichte finden eine für sie gangbare Lösung: Clara spielt nicht mehr mit, Greta gibt nach, Linus bekommt seinen Wunsch erfüllt. Frag mal dein Kind:

- *„War das eine gute Lösung?"*
- *„Wie hättest du dich entschieden?"*
- *„Wäre dir die Entscheidung leichtgefallen?"*
- *„Was hätten die drei Kinder anders machen können?"*

Vielleicht hätten die Kinder auch gar nichts anders machen können. Dass man nicht immer auf eine Lösung kommt, mit der alle richtig zufrieden sind, ist normal. Und wenn deine Kinder streiten, bedenke: Erst ab etwa fünf Jahren können sie sich langsam in die Gedanken und Gefühle der anderen hineinversetzen. Dann fällt es leichter, Kompromisse zu schließen. Aber auch nicht immer. Manchmal sind der Wunsch, etwas zu haben, die Wut oder die Sorge, nicht genug Aufmerksamkeit abzubekommen, so groß, dass es trotzdem kracht. Das kannst du nicht verhindern. Aber du kannst immerhin für klare Besitzverhältnisse sorgen und das Kind begleiten, das im Fall der Fälle leer ausgeht.

Ich brauche deine Hilfe!

Der Keller

Seite 74

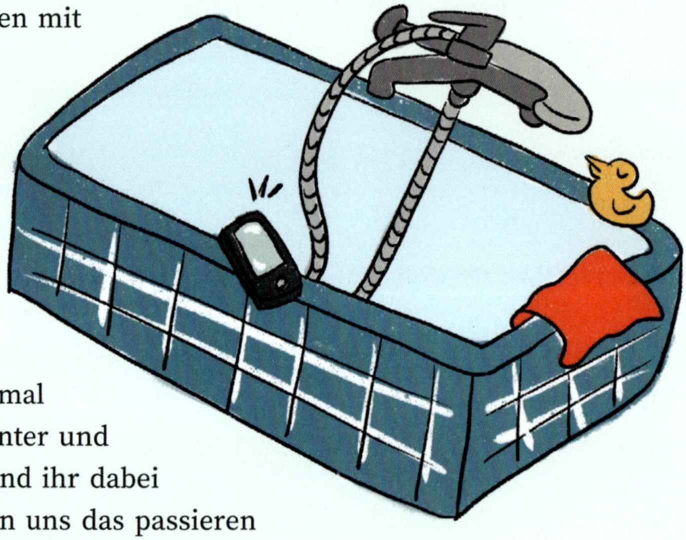

Linus und ich beginnen mit der Suche nach dem Handy im Badezimmer. Da hat Mama es nämlich ganz oft dabei und lässt es gerne mal auf dem Rand der Badewanne liegen. Manchmal rutscht es da auch runter und schon zwei Handys sind ihr dabei kaputtgegangen. Wenn uns das passieren würde! Wir hätten sicher kein neues bekommen.

Seite 75

Aber egal. Heute geht es darum, dass wir es finden müssen. Und ich merke, dass Linus ein wirklich guter Detektiv ist. Weil er so klein ist und überall durchpasst. Auch in den Spalt zwischen Dusche und Schrank. Da quetscht er sich gerade rein. Zwischen den Zähnen hält er meine Taschenlampe, die ich ihm extra dafür geliehen habe. Ich glaube nicht, dass Mamas Handy da liegt. Aber man weiß ja nie. Da hat Mama bestimmt noch nicht gesucht.

Ich bin froh, dass ich nicht dort nachsehen muss. Dort drin ist es bestimmt ganz feucht und der Staub ist zu Matsche geworden. Ich glaube nämlich, dass da nie jemand putzt. Muss man eigentlich auch nicht, man sieht den Dreck an der Stelle ja gar nicht.

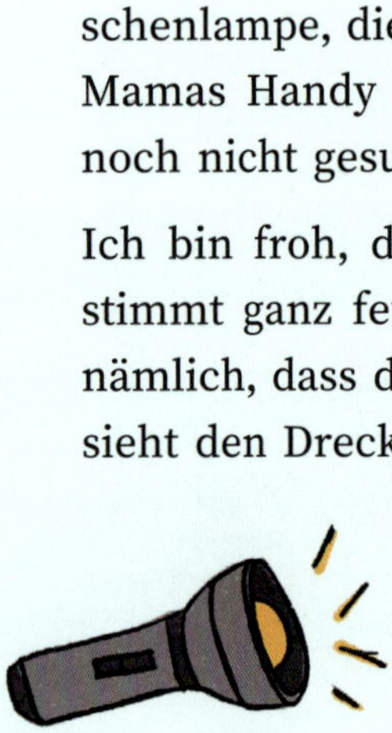

„Nischts", nuschelt Linus an der Taschenlampe vorbei.

Wie ich es mir gedacht habe. „Dann komm!"

Also kommt Linus wieder raus, mit dem Po zuerst, an dem schon ganz viele nasse Flusen hängen. Bäh. Da schüttelt es mich ganz. Aber Linus stört das nicht. Der mag Dreck eigentlich ganz gern, glaube ich. Jedenfalls springt er in jede Matschpfütze, die er findet. Und unter seinen Fingernägeln hat er immer etwas Dreck für den Notfall dabei.

„Ich glaube, hier ist das Handy nicht“, sage ich.

Es gibt im Bad gar nicht so viele Ecken, wo es sich verstecken kann. Trotzdem schaue ich zur Sicherheit noch mal unters Waschbecken und in der Schublade mit Papas Rasierern. Manchmal verlegen die Erwachsenen Dinge nämlich an echt seltsamen Orten. Letzte Woche habe ich Papas Mütze im Kühlschrank gefunden. Da haben wir minutenlang zusammen gelacht. „Ich bin eben mit dem Kopf manchmal woanders“, hat er gesagt. „Ja, im Kühlschrank!“, hat Mama geantwortet. Und dann lagen Clara und ich auf dem Boden. Ich musste so sehr lachen, dass ich mir fast Pipi in die Hose gemacht habe. Und ich glaube Clara auch.

Aber auch bei Papas Rasierern liegt kein Handy.

„Wohin jetzt?“, will Linus wissen.

„Ins Schlafzimmer!“, befehle ich und Linus rennt sofort voraus.

Im Schlafzimmer sind wir ganz selten tagsüber. Nachts dürfen wir uns schon zu Mama und Papa kuscheln, wenn wir nicht schlafen können. **Und manchmal liegen wir morgens dann zu fünft in ihrem großen Bett**. Aber am Tag sind wir Kinder da nie. Warum auch. Da ist es echt super langweilig.

Als ich reinkomme, weiß ich auch wieder warum. Da steht nur das Bett und ein echt großer Kleiderschrank. Irgendwas fehlt. Ja, Linus! Der ist doch vor mir durch die Tür.

„Linus?“, rufe ich ganz vorsichtig. Niemand antwortet. Ich lege mich auf den Bauch und schaue unters Bett. Kein Linus. Kein Handy. Aber eine Menge Wollmäuse.

BRRR ...

Schnell wieder raus hier. Wo steckt der Meisterdetektiv denn?

Plötzlich höre ich etwas. Da kichert doch jemand! Wo kommt das her? Noch mal ein Kichern. Aus dem Schrank!

Ich reiße die Tür auf. Da drin sitzt Linus. Mit einem von Mamas Schals um den Hals: „Der passt perfekt zu Schörlog, oder?“

Da hat er recht! „Behalte ihn an“, sage ich. „Aber das Handy hast du nicht gefunden?“

„Ich hab noch gar nicht gesucht“, gesteht Linus. Also wühlen wir uns gemeinsam durch Mamas und Papas Klamotten. Als wir fertig sind, haben wir kein Handy gefunden. Aber im Schrank sieht es jetzt aus wie in meinem. Ein gemütliches buntes Durcheinander. Immerhin etwas.

„Lass uns ins Wohnzimmer gehen“, sage ich. Wir rennen über den Flur und Mamas roter Schal weht hinter Linus her.

Als wir dort ankommen, bleiben wir beide erst mal wie angewurzelt stehen. Linus flüstert: „Wie sieht es denn hier aus?“

Mama, Papa und Oma haben das ganze Zimmer auf den Kopf gestellt. Die Polster liegen vor dem Sofa, das Sofa ist von der Wand gerückt, alle Schranktüren stehen offen und ihr Inhalt stapelt sich auf dem Boden und auf dem Tisch. Sogar die Blumentöpfe stehen nicht mehr auf der Fensterbank, sondern auf dem Fernsehschränkchen. Wer hat denn gedacht, dass Mama ihr Handy **unter** einem Blumentopf verloren hat?

„Ich glaube, die haben ein bisschen übertrieben“, flüstere ich zurück. „Hier müssen wir nicht mehr suchen.“

Linus nickt. Aber er schaut weiter gebannt auf das Chaos, das die Erwachsenen da angerichtet haben. Die haben noch gar nicht gemerkt, dass wir in der Tür stehen. Also ziehe ich meinen kleinen Bruder an seinem Mantel wieder in den Flur.

„Das war cooool!“, sagt er mit großen Augen. „Das muss Clara sehen!“

„Nee, lass mal“, sage ich. „Die wollte nicht mitmachen. Dann verpasst sie eben das Beste.“

„Wohin jetzt?“, fragt Linus.

„Am besten jeder in seinem Zimmer!“ Das ist meine Idee und ich mag sie. Dann sind wir doppelt so schnell durch. Also los!

Eine ganze Zeit lang später, der Zeiger auf meiner Uhr ist weit gewandert, treffen wir uns wieder im Flur. „Nix!“, sage ich.

„Bei mir auch nicht“, sagt Linus. Er klingt langsam etwas enttäuscht. Eigentlich ist er auch wirklich ein toller Sachen-Wiederfinder. „Wollen wir in die Küche?“, fragt Linus. Ich rufe:

„Bloß nicht!“

Da bin ich gerade vorbeigegangen. „Da machen die Erwachsenen jetzt auch Chaos. Alle Küchenschränke sind schon ausgeräumt. Sogar der Kühlschrank!“

„Wegen Papas Mütze!“ Linus muss lachen.

Dann werden wir beide kurz still. Weil wir genau wissen, was jetzt kommt. Linus schaut sich ganz konzentriert die Decke an und ich bohre meinen großen Zeh in den Teppich. Wir haben beide gar keine Lust drauf. Aber es muss sein.

Also stelle ich die Frage: „Keller?“

Linus nickt.

Wir hassen unseren Keller. Dafür müssen wir zwei Stockwerke nach unten, an den Nachbarwohnungen vorbei und dann durch eine große, schwere Tür. Dahinter sind dann ganz rumpelige Abteile mit Holzgitter. Für jede Wohnung im Haus eines. Bis oben hin vollgestellt mit altem Zeug. Überall raschelt es. Und alles ist so dunkel.

Ganz am Ende ist der Waschkeller. Da riecht es komisch. Und wenn man Pech hat, trifft man da auch noch Herrn Dietrich. Und genau da müssen wir jetzt hin. Weil Mama heute Morgen schon Wäsche gewaschen hat. Es kann also gut sein, dass ihr Handy da liegt. Deswegen haben wir es auch nicht klingeln hören.

Wir bleiben trotzdem beide einfach im Flur stehen. Keiner von uns will da runter. Das traut sich eigentlich nur Clara. „Hmmm ...“

Ich glaube, Linus denkt dasselbe wie ich. „Clara soll mitkommen ...“, sagt er. „Ich frag sie!“ Und geht los.

Wie lieb von ihm!

Er weiß, dass ich immer noch sauer auf sie bin. Wegen der Sache mit dem Turnen. Und überhaupt. Dann muss ich nicht fragen. Aber ohne Clara werden wir das Handy wahrscheinlich nie finden.

Ganz kurz darauf kommt Linus zurück, mit Clara an der Hand.

„Ich habe ihr von der Küche erzählt!“ Linus strahlt. „Dann ist sie mitgekommen.“

„Das muss ich mit eigenen Augen sehen“, sagt Clara.

„Okay, aber erst hilfst du uns im Keller, okay?“

„Abgemacht!“ Clara gibt erst mir und dann Linus ein High Five. Dann holt sie den Kellerschlüssel vom Schlüsselboard und geht zur Wohnungstür. „Na los! Mitkommen müsst ihr schon.“

Also steigen wir gemeinsam die Treppe runter. Vorbei an der Wohnung von Frau Weigel und der von Familie Münch. Die mag ich ganz gern, die haben auch zwei kleine Kinder. Fast ein bisschen schade, dass uns keiner sieht. Linus sieht wirklich toll aus.

Clara sperrt die blöde schwere Tür auf und hält sie für uns offen. Sonst fällt die nämlich oft gleich wieder zu und knallt einem hinten auf die Fersen drauf. Sie nimmt Linus und mich an je eine Hand, als wir an den Abteilen vorbeigehen, vor denen es uns so gruselt. „Ihr müsst einfach singen“, sagt sie. „Dann verfliegt die Angst.“ Das lässt sich Linus nicht zweimal sagen. Schief, wie immer, singt er:

Wir sind so schnell im Waschkeller, dass fürs Fürchten gar keine Zeit ist.

Rrrrrring!

Wir machen alle drei einen Satz nach hinten, als es plötzlich ganz laut klingelt.

Seite76

„Da“, schreit Linus und zeigt auf den Wäschekorb. Tatsächlich! Da liegt Mamas Handy und klingelt. Papas Gesicht ist auf dem Display zu sehen. Er hat es also doch noch mal mit Anrufen versucht.

Ich gehe dran: „Hallo Papa!“

Am anderen Ende ist Stille. Dann: „Greta?“

„Ja!“

„Wo bist du?“

„Im Waschkeller. Mit Linus und Clara“, sage ich.

„Im Waschkeller!!“, brüllt Papa ins Handy. Und im Hintergrund höre ich Mama rufen. „Im Waschkeller!“

„Danke Kinder, ihr seid die Besten!“ Papa klingt total erleichtert. „Was würden wir nur ohne euch machen?“

„Ein Riesen-Chaos“, sage ich. „Das will sich Clara jetzt übrigens unbedingt anschauen. Wir kommen hoch zu euch!“

Dann lege ich sofort auf.

„Jetzt bist du die grinsende Greta“, prustet Clara.

Seite 77

Wir lachen alle drei ganz dolle. Weil wir uns genau vorstellen können, wie verdutzt Papa jetzt aussieht.

„Wir sind richtig gute Detektive“, sagt Linus, als er mit Lachen fertig ist.

„Ja, **die drei besten**“, sagt Clara. „Jetzt gib mir das Handy!“

Das gibt’s doch nicht. Will sie schon wieder Streit anfangen?

„Nein!“, sage ich. „Ich gebe es den beiden.“

Linus nimmt es mir aus der Hand: „Nein ich! Ich hab es zuerst gesehen!“

Ganz kurz überlege ich, ob ich mich mit ihm darum prügeln soll. Und Clara geht auch schon in Position, ich kann es sehen. Aber dann entscheide ich mich doch anders.

„Was soll’s“, sage ich. „Mach du das!“

Clara entspannt sich auch.

„Jetzt können Mama und Papa endlich zu ihrem Termin“, sagt sie. „Was ist das eigentlich für einer?“

Linus und ich zucken mit den Schultern.

Egal. Bestimmt ist er langweiliger als alles, was hier heute passiert ist.

Komm mit deinem Kind ins Gespräch!

Mamas Handy ist wieder da! Und Greta, Linus und Clara hatten doch noch was zu lachen an diesem Chaos-Tag. Zum Glück. Streit ist nämlich bei Kindern oft schneller vergessen als bei uns Erwachsenen. Und Clara hat ihren Geschwistern sogar geholfen. Nicht, weil sie jemand dazu genötigt hat, sondern aus freien Stücken. Vielleicht, weil sie sich noch erinnern kann, dass sie auch Angst vor dem dunklen Keller hatte, als sie jünger war.

Am Ende waren die Geschwister trotz aller Zankerei ein gutes Team. Doch wie kann man das fördern? Das schauen wir uns in diesen letzten Gesprächsanregungen an.

Braucht ihr ab und an einen Tapetenwechsel?

Einen Streit kann man manchmal im Keim ersticken oder vergessen machen, wenn man die Kinder einfach an einen anderen Ort bringt. Ein Tapetenwechsel wirkt oft wahre Wunder. Nicht umsonst gehen viele Eltern am Abend oder Wochenende noch mal „die Kinder lüften". Bei unseren drei Geschwistern hat das ganz gut geklappt. Clara hat sich in ihrem Zimmer abreagiert und Linus und Greta haben die ganze Wohnung durchstreift. Das kann man auch vorbeugend machen,

- wenn jedes Kind und jedes Familienmitglied Raum für sich in eurem Zuhause hat oder
- wenn ihr ab und an etwas gemeinsam unternehmt, das von eurem Alltag abweicht.

Frag dazu am besten mal dein Kind:

- *„Wo hattest du eine besonders gute Zeit mit deiner Schwester/deinem Bruder/deinen Geschwistern/mit mir?“*
- *„Wo geht ihr/gehen wir alle gern hin?“*
- *„Was würdest du gern mal gemeinsam ausprobieren?“*
- *„Wo streitet ihr/streiten wir am wenigsten?“*

Und wenn ihr einen richtig schlimmen Streit-Tag habt, so wie die Grimms in dieser Geschichte, dann geht am besten nach draußen und lasst die angestaute Energie raus. Frische Luft und Bewegung helfen auch uns Erwachsenen, die Gemüter abzukühlen.

Spielt ihr oft zusammen?

Für Greta und Linus war an diesem Tag noch etwas hilfreich, um mit dem Streiten aufzuhören: das gemeinsame Detektivspiel. Sie hatten eine Aufgabe und richtig Spaß daran, Mamas Handy aufzuspüren. Der Streit um das richtige Outfit und darum, wer bestimmen darf, war da schnell vergessen.

Solche Momente sind für Geschwisterkinder Gold wert – und für alle anderen Beziehungen auch. Weil man in dieser Zeit schöne Momente und Erinnerungen schafft, die miteinander verbinden.

Gibt es solche Momente bei euch? Spiele, die meist gut funktionieren und bei denen wenig gestritten wird? Frag auch mal dein Kind! Vielleicht ist es dir noch gar nicht aufgefallen.

- *„Was machst du gern gemeinsam mit deiner Schwester mit deinem Bruder/mit mir?“*
- *„Was würdest du gern mehr zusammen machen?“*
- *„Welche Spiele gefallen allen gut?“*

Es lässt sich fast immer etwas finden, das allen Spaß macht.

Extra-Tipp: Wenn deine Kinder viel streiten, dann vermeide kompetitive Spiele, bei denen es nur ums Gewinnen geht, oder Glücksspiele, wie „Mensch ärgere dich nicht", bei dem Frust und Tränen schon im Namen angelegt sind. Besser sind Gesellschaftsspiele, die man gemeinsam gewinnen muss. Und richtig toll, um die Geschwisterbindung zu fördern (und übrigens auch die Eltern-Kind-Bindung), sind die Bindungsspiele nach Aletha Solter. Im Netz findest du viele Beispiele für Spiele, die euch verbinden: Nonsensspiele, Machtumkehrspiele, körperliche Spiele. Das alles kann euch helfen, präventiv gegen Streit zu wirken.

Habt ihr gemeinsame Erfolgserlebnisse?

Genauso teambildend wie gemeinsames Spielen wirken Erfolgserlebnisse. Dass die Kinder das Handy ihrer Mutter gefunden haben, war ein richtig guter Abschluss für das gemeinsame Spiel. Frag dein Kind mal:

- *„Was meinst du, wie sich die drei Geschwister jetzt fühlen?"*
- *„Hast du mal gemeinsam mit jemandem etwas Großartiges hinbekommen? Vielleicht sogar etwas, das du allein nicht geschafft hättest?"*
- *„Willst du dir mit einem Freund/deinem Geschwisterkind/mir gemeinsam so etwas vornehmen?"*

Gerade wenn Kinder sich das Ziel selbst setzen, sind sie besonders stolz, wenn sie etwas gemeinsam erreicht haben.

Versuche, immer wieder Gelegenheiten zu schaffen, in denen deine Kinder zusammen und/oder mit dir Erfolg haben können. Das muss gar nichts Außergewöhnliches sein. Vielleicht helfen sie dir gemeinsam bei der Wäsche? Oder im Garten? Oder schaffen es, gemeinsam die Sonntagsbrötchen beim Bäcker zu holen? Oder finden am Urlaubsort den kürzesten Weg zum Strand? Aktivitäten, die aus deinen Kindern und aus dir und deinem Kind ein Team machen, kannst du auch im Alltag immer wieder finden.

Habt ihr heute schon zusammen gelacht?

Linus, Greta und Clara hatten an diesem Tag doch noch viel Spaß. Und sie haben so richtig herzhaft gelacht. Lachen verbindet. Alle Menschen. Auch Geschwister. Und es lockert die Stimmung in eurem Haus auf, wenn es gerade mal wieder eisig ist. Aber auch im ganz normalen Alltag.

Und Lachen verbindet auch dich und dein Kind! Manchmal ist unsere Stimmung von den vielen Streitereien so negativ geladen und wir erwarten dann auch ständig neuen Streit und Negativität. Ab und an dürfen wir uns wirklich dazu zwingen, über uns selbst zu lachen oder über die absurde Situation, in die wir uns hineinmanövriert haben. Es ist auch bestätigt, dass es sofort die Laune hebt, wenn man sich im Spiegel einmal anlächelt. So absurd das in anstrengenden Momenten klingen mag, das kann eine Sofortmaßnahme sein, um den Druck aus der Sache und von allen Schultern zu nehmen.

Deshalb ein Appell zum Schluss: Lacht gemeinsam! Vielleicht sogar über den Ausgang dieser Geschichte?

Noch mal Hallo an die Kinder!

Zum Glück haben die drei Mamas Handy wiedergefunden. Und aus dem Streit-Tag doch noch einen Lach-Tag gemacht. Nur das Chaos in der Wohnung, das muss jetzt noch jemand aufräumen.

Hast du gesehen, dass auch andere viel streiten? Greta wollte sogar von zu Hause ausziehen, weil es ihr zu viel geworden ist. Zumindest hatte sie die Idee. So richtig weg wollte sie eigentlich nicht, oder was meinst du?

Bestimmt hast du beim Vorlesen viel mit deiner Mama oder deinem Papa gesprochen. Darüber, wie das bei euch zu Hause ist mit dem Streiten. Oder auch bei dir und deinen Freunden und Freundinnen.

Und vielleicht hattet ihr auch ein paar Ideen, wie es in Zukunft besser laufen kann. Was ihr alle gemeinsam dafür tun könnt, damit es nicht dauernd knallt.

Ganz kann man Streit nicht verhindern. Muss man auch gar nicht. Aber ihr könnt lernen, etwas weniger zu streiten. Und so, dass niemand verletzt wird. Greta, Linus und Clara hatten da ein paar richtig gute Vorschläge.

Und ihr bestimmt auch!

Alles Gute dabei!

Katharina

Impressum

Bibliografische Information der Deutschen Nationalbibliothek
Die Deutsche Nationalbibliothek verzeichnet diese Publikation in der deutschen Nationalbibliografie; detaillierte bibliografische Daten sind im Internet über https://dnb.de abrufbar.

ISBN 978-3-8426-1753-7 (PRINT)
ISBN 978-3-8426-1754-4 (PDF)

Originalausgabe

Die Ratgebermarke der Schlütersche Fachmedien GmbH
Hans-Böckler-Allee 7, 30173 Hannover
www.humboldt.de
www.schluetersche.de

Lektorat: Claudia Silbereisen, Heidelberg
Layout und Illustration: Verena Potthast, Viersen
Satz: PER MEDIEN & MARKETING GmbH, Braunschweig
Druck und Bindung: Grafisches Centrum Cuno GmbH & Co. KG, Calbe